JN404277

절대 망하지 않는
가게의 비밀

**절대
망하지 않는
가게의 비밀**

초판 1쇄 발행   2025년 9월 30일

지 은 이   자영업 다이어리(조원범)
펴 낸 이   김동하

펴 낸 곳   책들의정원
출판신고   2015년 1월 14일 제2016-000120호
주   소   (10881) 경기도 파주시 산남로 5-86
문   의   (070) 7853-8600
팩   스   (02) 6020-8601
이 메 일   books-garden1@naver.com

ISBN   979-11-6416-259-8 (03320)

· 이 책은 저작권법에 따라 보호받는 저작물이므로 무단 전재와 무단 복제를 금합니다.
· 잘못된 책은 구입처에서 바꾸어 드립니다.
· 책값은 뒤표지에 있습니다.

절대 망하지 않는 가게의 비밀

자영업 다이어리
(조원범) 지음

들어가며

몰랐다, 장사가 이렇게 어려울 줄

공부만 열심히 하면 인생이 풀릴 줄 알았습니다. 특출난 재능은 없어도 성실함 하나만큼은 누구보다 자신 있었습니다. 고시에 두 번 실패한 뒤, 잠시 회사를 다니기도 했지만 마음 한편에 남은 미련은 쉽게 사라지지 않았습니다. 결국 다시 도전해보자고 마음먹었고, '돈을 벌면서 공부할 수 있는 방법은 없을까' 고민하다가 편의점을 창업했습니다.

괜찮은 위치만 잘 잡으면 굳이 가게에 매일 나가지 않아도 수익이 나겠지 싶었습니다. 하지만 현실은 전혀 달랐습니다. 예상보다 매출이 낮아 하루도 빠짐없이 직접 가게를 지켜야 했고, 장사에 대해 제대로 알지 못한 채 시작한 만큼 시행착오도 끊이지 않았습니다. 그렇게 고시 공부와 장사를 병행한 2년의 기간 끝에 결국 공부는 내려놓을 수밖에 없었습니다.

아이러니하게도 그 시기가 제게는 새로운 전환점이 되어주었습니다. 고시 공부에 쏟았던 모든 에너지와 집중력을 이번에는 자영업에 쏟아보기로 결심했습니다. 시장 분석부터 손익 구조, 운영 전략까지 하나하나 다시 배우며 가게를 새롭게 설계해나갔고, 서서히 변화의 조짐이 나타나기 시작했습니다. 편의점 운영이 안정되자, 카페까지 확장하며 제 장사의 방향도 점차 자리를 잡아갔습니다.

그때부터는 달라졌습니다. 손익계산서를 진짜로 보기 시작했고, 포스 매출만으로는 알 수 없는 '진짜 이익'을 따져보는 법을 익혔습니다. 인건비와 재료비, 임대료 외에도 카드 수수료, 세금, 감가상각까지 일일이 따져보며 '장사가 잘돼도 왜 돈이 안 남는지' 그제야 이해하게 되었습니다. 프랜차이즈 본사가 정해준 가격이 왜 문제였는지, 배달앱 수수료 구조가 어떻게 내 수익을 갉아먹는지도 그제야 보였습니다.

유튜브를 시작한 것도 이 무렵입니다. 저처럼 아무것도 모른 채 창업해서 고생하는 사람이 너무 많다는 사실을 알게 되면서, 조금이라도 도움을 줄 수 있으면 좋겠다는 마음으로 하나씩 이야기를 꺼내기 시작했습니다. 편의점 창업의 현실, 커피 프랜차이즈 수익 구조, 배달앱 수수료 같은 내용을 영상으로 풀어냈습니다.

그렇게 유튜브 채널을 운영하면서 생각보다 더 많은 분의 사연을 듣게 되었습니다. 하루 15시간 일하고도 적자를 면치 못한다는 자영업자, 억대 창업비를 들였는데 무권리로 나가야 하는 사장님, 본사와 계약을 해지하고 싶어도 위약금이 무서워 참고 있다는 메시지가 매일 쏟아졌습니다. '사장님 영상 보고 손익을 다시 계산해봤습니다', '이제는 장사를 감으로 하지 않겠습니다'라는 댓글을 보면서, 이 이야기를 더 많은 사람에게 전해야겠다고 다짐했습니다. 그게 바로 이 책을 쓰게 된 계기입니다.

요즘 자영업자들에게 장사 상황을 물어보면 "차라리 코로나 때가 낫다"는 말이 돌아옵니다. 팬데믹이라는 초유의 위기를 견뎌낸 사장님들이 그 시절을 오히려 그리워할 정도로, 지금 자영업 시장은 더욱 악화되었습니다. 웃지 못할 현실입니다. 거리 두기 해제만을 간절히 바라며 버텼던 시절이 있었는데, 이제는 그 시절이 그립다는 말이 나올 정도니까요.

현재 우리나라 자영업자의 숫자는 OECD 기준 세계 2위 수준이고, 자영업자 증가 속도는 줄어들 기미가 보이지 않습니다. 동시에 자영업 폐업률 역시 빠르게 올라가고 있습니다. 소상공인에게 일종의 퇴직금 역할을 하는 '노란우산공제'는 가게를 폐업해야만 수령할 수 있는데, 2023년 이 공제금의 폐업 사유 지급액이 사상 처음으로 1조 원을 넘었습니다. 2022년 대비 20%나 증가한 수치입니다. 그만큼 장사가 안 되니 도저히 버티지 못하고 결국 손해를 감수하며 폐업을 선택하는 가게가 많아졌다는 뜻입니다.

그렇다면 우리나라는 왜 이렇게 자영업으로 성공하기 어려운 나라가 되었을까요? 그 이유는 크게 두 가지 구조적 문제에서 비롯됩니다.

첫째, 진입 장벽이 지나치게 낮습니다. 우리나라 창업의 상당수는 프랜차이즈를 통해 이루어집니다. 프랜차이즈는 짧은 교육 기간과 일정 비용만 있으면 누구나 창업이 가능한 구조입니다. 쉽게 말해 '돈만 있으면 누구나 할 수 있는 장사'가 된 것이죠. 경제학적으로 보자면, 자영업은 공급의 가격탄력성이 매우 높은 산업입니다. 즉 어떤 업종에서 수익이 난다는 이야기가 돌면 창업자가 순식간에 몰려들어 공급이 급증합니다. 2023년의 '탕후루' 열풍이 대표적인 예입니다. 줄을 설 정도로 잘된다는 소문이 퍼지자 전국 곳곳에 유사 매장이 우후죽순 생겨났고, 곧 과잉 공급으로 이어졌습니다. 결국 수익은 다시 줄어들고 대다수의 가게는 오래가지 못했습니다.

둘째, 소비의 중심축이 오프라인에서 온라인으로 이동했습니다. "손님이 안 와요", "객단가가 너무 낮아졌어요"라는 말은 이제 자영업자 사이에서 일상이 되었습니다. 이는 단순히 경쟁 매장 때문만이 아닙니다. 소비자가 지갑을 여는 방식 자체가 바뀐 것입니다. 2023년 기준, 알리익스프레스의 국내 매출은 약 2조 3천억 원에 달했고, 테무 역시 본격 마케팅을 시작한 이후 매달 무서운 속도로 매출을 올리고 있습니다. 쿠팡은 12년 만에 흑자 전환에 성공했고, 배달의민족도 유통 부문에서 7천억 원에 가까운 실적을 기록했습니다. 소비자의 월급이나 가계 총 수입은 정체된 반면, 온라인 플랫폼은 소비자의 지출을 빠르게 흡수하고 있습니다. 그만큼 오프라인 매장의 매출은 줄어들 수밖에 없는 구조입니다.

이처럼 자영업은 지금 구조적으로 매우 불리한 싸움을 하고 있습니다. 그리고 이런 구조적 위기를 이해하지 못한 채 창업을 시작하면 실패는 피하기 어려운 결과가 됩니다. 이 책은 이러한 위기의 시대에 자영업자가 어떻게 살아남을 수 있을지에 대한 전략을 담고자 했습니다. 단순히 열심히 하라는 말, 근성만 강조하는 말은 하지 않습니다. 실제 손익계산과 상권 분석, 업종 구조의 특징 등 구체적 내용을 토대로 자영업이라는 전쟁터에서 살아남는 방법을 이야기하려 합니다. 대한민국에서 자영업자로 살아남는다는 것은 결코 쉬운 일이 아닙니다. 결국 장사는 혼자서 부딪혀야 알게 되는 일이 많습니다. 저도 그 과정을 겪으며 배웠습니다. 이 책에 담은 내용들이 완벽한 답은 아니겠지만 과거의 저처럼 막막한 누군가에게는 작은 실마리가 되어줄 수 있기를 바랍니다.

자영업 다이어리(조원범)

차례

들어가며 몰랐다, 장사가 이렇게 어려울 줄　　　　　　　　　004

1부　결국 살아남는 가게

　　시장조사가 모든 것을 결정한다　　　　　　　　　016
　　모든 자영업자에게 한 번은 찾아오는 위기　　　　023
　　모르고 창업하면 땅을 치고 후회하는 세 가지　　029

2부　가게 차리면 한 달에 얼마나 벌까?

　　손익계산 없이 시작하면 반드시 후회한다　　　　038
　　1억 미만 소자본 창업 · 편의점　　　　　　　　　043
　　1억 미만 소자본 창업 · 무인 아이스크림　　　　049
　　1억 미만 소자본 창업 · 무인 카페　　　　　　　054
　　2억 미만 창업 · 저가 커피　　　　　　　　　　　059
　　2억 미만 창업 · 치킨집　　　　　　　　　　　　066
　　2억 미만 창업 · 피자집　　　　　　　　　　　　074

2억 미만 창업 · 코인 세탁소	083
2억 이상 창업 · PC방	090
2억 이상 창업 · 스터디카페	099
2억 이상 창업 · 키즈카페	106

3부 장사는 결국 위치

자리 이기는 장사 없다	116
입지로 시작하고 운영으로 살아남는다	122
맛은 그냥 그런데 잘되는 집	130
월세가 비싸면 목 좋은 자리일까?	136

4부 배달, 이제는 전략적으로 준비하자

배달이 생존의 기본기가 된 이유	144
배달은 사전 세팅이 80%	150
수수료·고객층… 배달앱 3사 완전 해부	158
입점 초반 2주는 전쟁이다	169

5부 단골을 만드는 건 따로 있다

맛보다 기억에 남는 건 경험   178

리뷰가 가게를 살린다   182

SNS는 브랜딩, 지도앱은 생존   187

6부 장사는 잘되는데 왜 돈이 없지?

장사 잘되다 망하는 가게의 세 가지 특징   194

장사는 숫자가 아니라 심리   200

가격 인상과 세일은 타이밍의 예술   208

7부 새어나가는 돈을 줄여라

양도양수 전 반드시 확인해야 할 진짜 순이익   216

종합소득세를 획기적으로 줄일 실전 기술   222

부가세, 놓치면 수백만 원 날린다   230

인건비 부담 줄이는 직원 운영의 핵심 원칙   237

8부 반드시 오는 고비를 성공적으로 넘기려면

자금이 막혔을 때 구원해줄 정책 자금 총정리	246
멘탈이 무너지면 장사도 무너진다	254
세금도 줄이고 위기도 대비하는 노란우산공제	259

부록 누구도 알려주지 않는 프랜차이즈 이야기

가맹 상담에서는 들을 수 없는 진짜 정보	266
엽기떡볶이로 알아보는 본사의 역할	271
배스킨라빈스로 알아보는 진입 장벽의 중요성	276
탕후루는 왜 마라탕처럼 정착하지 못했을까?	279

1부

결국
살아남는 가게

시장 조사가
모든 것을 결정한다

초보 창업자가 가장 먼저 궁금해하는 것은 '수입'이다.

"이거 차리면 돈 얼마나 벌어요?"

"한 달 매출이 얼마나 되나요?"

"일 매출 100 이상 나온다는데 진짜 이 수익이 나오는 거 맞나요?"

이러한 수입에 관련된 궁금증이 가장 많다. 당연히 창업하는데 돈을 얼마나 벌 수 있나가 가장 중요하지만, 문제는 이러한 질문을 프랜차이즈 본사 담당자에게 하고 있다는 것이다. 프랜차이즈 본사 담당자의 목표는 '지점 확대'다. 이들에게 수익을 물으면 당연히 장밋빛 전망만 들을 수밖에 없다. 결국 이런 말만 듣고 창업을 결정하면 실패해도 누구 하나 책임지지 않는 구조다.

많은 초보 창업자가 창업 전 가장 흔히 저지르는 실수는 시장 조사 없이 창업부터 결정하는 것이다. 사실 시장 조사는 창업의 가장 핵심 단계다. 시장 조사는 창업 아이템의 실현 가능성을 평가하고, 타깃 고객을 정의하며, 경쟁 상황을 분석하는 데 필수적 정보를 제공하는 과정이기 때문이다.

나 역시 처음 편의점을 창업했을 때, 제대로 된 시장 조사 없이 덜컥 자리를 계약했다가 큰 후회를 했던 경험이 있다. 그때는 주변 유동 인구나 배후 수요, 인근 경쟁점 상황 같은 기본 정보조차 제대로 확인하지 않았다. 막연히 '여기 괜찮아 보이네' 하는 감각에만 의존했던 것이다. 하지만 창업은 단순히 자리 하나 계약하는 걸로 끝나지 않는다. 한 번 자리를 정하면 최소 2년은 계약을 유지해야 하고, 현실적으로 매장을 옮기는 것도 거의 불가능에 가깝다. 그렇기 때문에 처음부터 철저하게 조사하고 판단하는 것이 무엇보다 중요하다. 제대로 된 자리를 선정하기 위해서는 시장 조사의 중요성은 아무리 강조해도 지나치지 않다.

시장의 수요 파악

시장 조사는 크게 네 가지 이유에서 반드시 필요하다. 기본적으로 내가 창업하려는 아이템에 대한 시장의 실제 수요를 파악하고 들어가야 하는 게 첫 번째다. 가령 무인 사진관을 창업하려고 했을 때 내가 들어가려고 하는 상권에 무인 사진관이 몇 개나 있는지, 이러한 점포들의 매출이 대략 어느 정도 나오고 있는지 파악이 된 상태여야 한다. 또한 무인 사진관을 창업 시 실제로 이용할 수 있는 예상 유동 인구나 배후 인구의 수요 조사가 뒷받침되어야 한다. 유동 인구란 동적인 개념으로 사람들의 보행량에 초점을 뒀기 때문에 일반적으로 상업 시설의 매출액에 영향을 준다. 이는 임대료와 직결이 되므로 보통 유동 인구가 많은 상가가 임대료가 높다. 반면 배후 인구는 특정 상권에서 소비를 일으켜줄 잠재적인 소비 집단을 말한다. 상권 주변의 빌라나 아파트 등에서 실제로 거주하는 거주 인구를 배후 인구로 볼 수 있는 것이다. 업종별로 유동 인구가 중요한 업종, 배후 인구가 중요한 업종이 달라지기 때문에 창업 전에 이러한 데이터를 미리 분석하여야 한다.

경기도 광명시에 전국 최대 규모의 코스트코가 입점하고 본사까지 이전할 수 있었던 것도 이러한 시장의 수요 파악을 먼저 했기 때문이다. 광명시는 2011년 5월 한국사회여론연구소에 의뢰해 광명시민을 대상으로 KTX 광명역세권 활성화를 위해 어떤 시설을 유치하는 게 가장 바람직한지 묻는 여론 조사를 실시했다. 여론 조사에 응한 광명시민 50.1%가 1순위로 백화점이나 아울렛과 같은 대형 유통 판매 시설을 꼽았다. 이러한 사전 수요를 미리 확인하고 코스트코를 오픈한 결과 당시 광명 지역에서 유례없는 매출을 기록했고, 결국 코스트코 본사까지 광명으로 이전시키는 쾌거를 거둘 수 있었던 것이다.

타깃 고객 정의

시장 조사는 이러한 수요 파악을 바탕으로 내가 타깃으로 하는 고객의 정의를 내리는 데 필수적 역할을 하게 된다. 정확한 타깃 고객을 잡아야만 앞으로 가게를 운영해 나가는 데에 있어서 마케팅 전략을 보다 효과적으로 수립하고 고객의 욕구와 기대에 부합하는 상품이나 음식, 서비스 등을 제공할 수 있기 때문이다. 예를 들면 PC방 창업의 경우 주 타깃층이 중고등학생이나 대학생들이고, 편의점 창업의 경우 20~30대 젊은 인구들이 많이 거주하고 있는 주변에서 매출이 높게 나온다. 그러니 이러한 타깃층을 명확하게 설정해야 어느 위치와 상권에 창업할지를 정할 수 있게 된다. 최근 새롭게 핫한 상권으로 떠오른 한남동의 경우 국내외 유명 브랜드들의 트렌디한 쇼룸 오픈으로 MZ세대들을 타깃팅해 상권의 활성화를 이뤘다. 그 결과 2023년 1분기 공실률은 서울 6대 상권 중에 가장 낮은 12.6%를 기록했고, 상권에 입점한 점포들의 매출도 꾸준히 증가하고 있다.

경쟁 분석

창업하려는 아이템의 경쟁 상황을 분석하는 것은 안정적인 매출을 나오게 하는 데 중요한 역할을 한다. 넓은 범위로는 업종 전체에 경쟁자가 있는지 여부를, 좁은 범위로는 내가 들어가는 상권에 경쟁점이 들어올지 여부를 파악해야 한다. 예를 들어 GS25 편의점을 창업하려 한다고 가정했을 때, 현재 서울시 기준 담배 사업권이 나오는 100미터 거리 내에 공실이나 편의점으로 업종이 변환될 수 있는 자리가 있는지 없는지를 정확하게 파악하고 들어가야 한다. 또한 주변에 CU나 이마트24 등 타사 편의점이 있는지도 확인해야 한다. 브랜드 전환이나 점포 확장으로 점포가 새로 들어올 수 있기 때문이다.

특히 이러한 확인 작업은 창업하기 전에 모두 정확하게 파악이 끝나 있어야 한다. 동일 업종 경쟁점의 출현은 다른 무엇보다 매출에 직접적이고 심대한 타격을 준다. 실제로 주변 편의점 사장님들의 경우 초반에 일 매출 200만 원 이상 나오는 편의점이었으나 경쟁점이 들어와 매출이 반토막 나는 경우가 허다하다.

리스크 감소

창업 전 시장 조사의 최종 목적은 리스크를 줄이는 데 있다. 창업은 본질적으로 불확실성과 함께 시작된다. 아무리 준비를 철저히 하더라도 예기치 못한 변수는 늘 존재하기 마련이다. 하지만 시장 조사를 통해 그 위험의 크기를 줄이는 것은 충분히 가능하다. 100의 리스크를 30, 20 수준으로 낮추는 것이 바로 시장 조사의 힘이다.

예상 매출을 기반으로 손익계산서를 미리 작성해 보는 것도 매우 효과적인 전략이다. 일 매출, 월 매출, 고정비, 변동비, 순수익까지 구체적으로 시뮬레이션해 보면, 수익 구조의 위험 요소를 미리 파악할 수 있다. 이는 자영업뿐만 아니라 대기업도 신사업을 시작할 때 반드시 거치는 과정이다. 우리나라처럼 시장 변화가 빠른 환경에서는 더더욱 중요하다. 변화의 속도를 예측하지 못하면 괜찮아 보였던 아이템도 순식간에 외면받을 수 있다. 지역별 상권 특성, 유동인구, 경쟁 밀도, 객단가 범위 등은 직접적인 수익성과 연결되는 핵심 변수이므로 반드시 사전에 조사하고 분석해야 한다.

예를 들어 서울 마포구에서 베이글 전문점을 운영 중인 한 점주는 창업 전 인근 500m 내 유사 업종 일곱 곳의 메뉴, 가격, 포장 디자인, 배달 리뷰까지 꼼꼼히 분석했다. 그 결과 경쟁 매장 대부분이 메뉴가 비슷하고 차별성이 부족하다는 점을 파악했다. 그는 이탈리아식 베이글 샌드위치를 메인으로 구성하고, 고급 포장과 배달 특화 시스템을 설계했다. 물론 초반에는 유입이 적어 블로그 체험단과 인근 직장인을 대상으로 한 점심 세트 할인 이벤트도 병행했다. 하지만 철저한 차별화 전략 덕분에 한 달만에 배달 플랫폼 리뷰 수가 동종 업종 평균 대비 3배 이상 누적되며 고객 유입이 본격적으로 늘기 시작했다. 이 점포는 오픈 초반부터 리뷰가 빠르게 누적되며 마포 지역 베이글 카테고리 1위를 차지했고, 인근 지역 배달 고객까지 흡수하면서 안정적 매출을 유지하고 있다.

시장 조사는 장사의 성패를 좌우하는 핵심 요소다. 단순히 유행하는 아이템이나 유동 인구만 믿고 창업하면 실패할 가능성이 높다. 반면 수요와 고객, 경쟁, 리스크까지 분석한 뒤 전략적으로 준비한 창업자는 불황 속에서도 살아남는다. 시장 조사는 단순한 정보 수집이 아니라 생존 확률을 높이는 '실전 전략'이다.

모든 자영업자에게
한 번은 찾아오는 위기

　자영업에서 위기는 피할 수 없는 통과 의례다. 장사를 본격적으로 해봤다면, 한 번쯤은 반드시 위기를 겪게 된다. 그리고 그 위기를 넘지 못하면 결국 가게 문을 닫게 된다. 이런 위기는 크게 두 가지 유형으로 나뉜다. 첫째는 상권 변화, 경쟁 점포의 등장, 업종 트렌드 변화처럼 시장 환경의 변화로 생기는 위기다. 둘째는 개인의 노력으로는 피할 수 없는 외부 재난 수준의 위기, 예컨대 국가적 감염병 사태 같은 경우다.

　첫 번째 유형의 위기는 주변 상권에 강력한 경쟁점이 생기거나, 내가 운영하던 업종의 유행이 꺾이면서 매출이 급격히 하락하는 경우다. 대표적인 사례가 '탕후루'다. 한때 '무조건 되는 장사'처럼 보였지만, 불과 1년 만에 폐업 매장이 속출하고 있다. BC카드 분석에 따르면, 2023년 4월부터 9월까지 탕후루 매출은 5.3배 급증했지만, 이후 하락세로 전환돼 2023년 11월과 2024년 4월에는 전월 대비 각각 28%, 27% 감소했다. 전국 매장 수는 2024년 5월 기준 1,795개로, 이 중 약 75%인 1,357개가 불과 1년 전 창업한 곳이다. 유행이 꺾이자마자 수많은 매장이 폐업 위기에 몰린 것이다. 이처럼 트렌드 업종은 확장성과 생명력이 떨어진다. 과거 대만 카스텔라처럼 반짝 흥했다가 사라진 업종들 역시, 유행이 끝난 후 빠르게 사라졌고, 결국 대부분 폐업으로 이어졌다.

두 번째 유형의 위기는 2015년 메르스, 2020년 코로나19와 같은 전염병 사태처럼 자영업자가 통제할 수 없는 외부 위기다. 특히 코로나 시기에는 4인 이상 모임 금지, 저녁 9시 이후 영업 제한 등 강도 높은 거리 두기 조치가 시행되면서 대면 영업 중심의 업종은 막대한 타격을 입었다. 문제는 이런 위기는 예고 없이 시작되며, 미리 대비하기도 어렵다는 점이다. 실제로 이러한 기간 동안 수많은 술집, 카페, 식당이 문을 닫았고, 위기가 단기간에 끝날 것이라는 기대와 달리 거의 3년 가까이 지속되었다.

하지만 이런 위기 상황에서도 모두가 무너진 것은 아니었다. 위기를 오히려 기회로 바꾸며 매출을 늘리고, 사업을 확장한 사장님들도 분명 존재했다. 결국 위기를 어떻게 대응하느냐에 따라 생존이 갈린다. 같은 위기 속에서도 어떤 가게는 문을 닫고, 어떤 가게는 새로운 기회를 만든다. 그리고 그 차이는 위기의 순간에 어떤 결정을 내렸는가에서 갈린다. 그렇다면 실제로 위기를 기회로 바꿔낸 사장님들의 전략을 하나씩 살펴보자.

세 번의 폐업 후 네 번째 도전에서 살아남은 A씨

서울 강북의 한 골목, 평일 낮에도 줄이 길게 늘어선 김치찜 전문점이 있다. 지금은 "여기 안 먹어본 사람은 있어도, 한 번만 먹은 사람은 없다"는 말이 나올 정도로 입소문이 자자한 이 가게. 하지만 이곳을 운영하는 40대 A씨는 과거 수차례 창업과 폐업을 반복했던 소위 '회전문 창업자'였다. A씨는 10여 년 전 첫 창업을 했다. 당시에는 고기 무한 리필이 유행하던 시절이었고, 유행에 올라타기만 하면 성공할 거라고 믿었다. 하지만 1년도 못 가 문을 닫았다. 이후에도 덮밥집, 디저트 카페 등 유행하는 업종을 따라 창업했지만 번번이 실패했다. 5년 사이 세 번의 폐업을 겪은 셈이다. 그때까지 그는 항상 "상권이 안 좋아서", "배달앱 평점이 나빠서", "인건비가 너무 올라서"라는 식으로 외부에 이유를 돌렸다.

전환점은 세 번째 폐업 이후 찾아왔다. 그는 자신도 모르게 실패의 반복 구조에 갇혀 있다는 사실을 처음으로 깨달았다. "왜 나는 매번 망할까?"라는 질문을 처음으로 스스로에게 던졌고, 진짜 원인을 찾기 위해 장사를 멈췄다. 이후 6개월 동안 하루 두세 군데씩 잘 되는 식당을 찾아다니며 성공 요소를 분석해 나갔다. 어떤 곳은 서빙 방식이 달랐고, 어떤 곳은 소스 하나로 승부를 봤다. 그는 성공한 가게들의 공통점을 노트에 정리하고, 무엇이 자신의 실패와 달랐는지를 비교해 보기 시작했다.

결국 그는 자신이 가장 자신 있었던 메뉴인 김치찜에 집중하기로 했다. 이전까지 실패했던 가게들의 문제점을 뜯어보고, 메뉴 구성부터 고객 동선, 원재료 유통, 마진율까지 철저하게 재설계했다. '내가 하고 싶은 장사'가 아니라 '고객이 또 오고 싶은 가게'를 만들겠다는 태도로 접근했다. 결국 그는 핵심 메뉴 하나에 집중했고 그간 실패했던 원인을 하나씩 제거해 나가기 시작했다.

마침내 2021년 말, 네 번째 도전으로 지금의 김치찜 전문점을 열었다. 특별한 마케팅은 없었지만 단골 고객 한 명 한 명에게 감사 메시지를 남기고, 요청 사항은 빠짐없이 반영했다. 메뉴판 구성도 손님들이 가장 많이 찾는 조합 중심으로 바꾸었고, 평일 점심에는 1인 메뉴를, 주말에는 가족 세트를 집중적으로 팔았다. 매일 후기와 재방문율을 기록하고, 직원들과 공유하는 '오늘 피드백' 노트도 만들었다.

지금은 줄 서서 먹는 가게가 되었고 가맹 문의도 꾸준히 들어온다. 하지만 이 모든 변화는 단지 '운이 좋아서' 일어난 일이 아니었다. A씨는 실패를 단순한 경험으로 넘기지 않았다. 매번 외부 탓만 하던 과거에서 벗어나 스스로의 장사를 해부하고 다시 설계했다. 진짜 변화는 반성에서 시작되었고, 실행으로 완성되었다. 많은 창업자가 실패를 겪는다. 그러나 그 실패를 반복하는 이와 실패에서 무언가를 뽑아내는 사람의 결과는 다르다. 생존은 결국, 그 차이에서 갈린다.

과감한 업종 전환으로 기회를 만든 B씨

업종 전환은 절대 쉬운 일이 아닌 만큼 기존 업종을 유지한 채 부족했던 부분을 보완해 위기를 극복한 경우가 많지만, 아예 새로운 업종으로 전환해 생존에 성공한 사장님들도 있다. 서울 동작구에서 프랜차이즈 술집을 3년간 운영했던 B씨는 코로나 사태가 터진 직후 매출이 70% 이상 급감하는 위기를 겪었다. 평소에는 밤마다 웨이팅이 생길 정도로 장사가 잘됐던 매장이었지만 9시 이후 영업 제한 조치와 모임 금지로 야간 매출이 사실상 '0'이 되면서 하루 아침에 적자 매장으로 전락했다.

문제는 인건비였다. 미리 고용해둔 직원들을 쉽게 정리할 수 없었던 상황에서 고정비 부담은 눈덩이처럼 불어났다. 정부 지원 대출로 잠시 버텼지만, 매달 적자폭은 커졌고 결국 수천만 원의 대출금도 바닥이 났다. B씨는 돌파구를 찾기 위해 시장을 분석하던 중, 배달 전문 매장들이 선전하고 있다는 점에 주목했다. 기존 매장의 주방 시설이 잘 갖춰져 있다는 장점을 살려 업종 전환을 고민하던 중 '감자탕'이라는 아이템이 눈에 들어왔다.

감자탕은 점심과 저녁 모두 어울리는 메뉴이자, 식사와 술안주 양쪽 수요를 동시에 겨냥할 수 있는 아이템이다. 특히 배달과 홀 운영 모두에 적합하고, 조리 효율도 높아 인건비 부담을 줄일 수 있는 장점이 있었다. 실제로 감자탕은 뼈를 미리 삶아놓으면, 그 이후에는 몇 인분을 팔든 조리 시간과 노동력이 크게 늘어나지 않는다.

또한 B씨 매장은 변화가 1층에 위치했었기 때문에, 기존 술집 시절처럼 저녁 장사에만 의존하지 않고 점심 장사까지 병행할 수 있는 업종으로 전환이 가능했다. 대면 영업이 어려운 시기였지만, 감자탕은 배달 수요까지 흡수할 수 있어 충분히 승산이 있었다. 결국 B씨는 홀 중심에서 배달 중심으로 빠르게 업종을 전환했고, 이 결정은 큰 성공으로 이어졌다. 감자탕 매장은 이전 술집 대비 약 3배 가까운 매출을 기록했다. 만약 이 업종 전환을 미뤘다면 장기화된 거리 두기 상황에서 버티지 못하고 폐업했을 가능성이 높다.

두 사례 모두 위기를 맞았지만 접근 방식은 달랐다. 하나는 기존 가게를 재설계했고, 다른 하나는 업종 자체를 바꾸었다. 하지만 공통점은 같다. 위기의 본질을 직시하고, 변화의 타이밍을 놓치지 않았다는 점이다.

모르고 창업하면
땅을 치고 후회하는 세 가지

장사를 시작했을 때는 몰랐지만, 10년 넘게 자영업을 하면서 조금씩 알게 된 것들이 있다. 그때는 왜 이걸 몰랐을까, 처음 창업할 때 미리 알았더라면 좀 덜 힘들지 않았을까 하는 생각이 종종 든다. 지금 와서 돌아보면 장사 초반에 꼭 알았어야 할 중요한 사실들이 분명히 있었다. 만약 처음으로 다시 돌아간다면 적어도 이 세 가지는 반드시 지키고 시작할 것이다.

가족·지인과의 동업은 독

첫째, 가족이나 지인과의 동업은 피하자는 것이다. 보통 처음 창업하면서 음식점이나 카페 등의 요식업에 뛰어드는 경우 가족이 함께 장사를 시작하려는 경우가 매우 많다. 여러 가지 이유가 있겠지만 그중에서 가장 큰 이유는 인건비 문제일 것이다. 2025년 현재 최저시급은 10,030원까지 인상되었다. 그만큼 가족으로 근무자를 대체해 높은 비용을 절약하려고 하는 경우가 많은데 이러한 경우 돈 문제보다 더 큰 문제를 겪게 될 수 있다.

처음 시작할 때는 그래도 가족이니까 더 신경 쓰겠지 하는 생각으로 가족이 함께 장사를 시작하는 경우가 많다. 하지만 장사가 잘 돼도, 안 돼도 갈등이 생기기 쉽다. 먼저 장사가 잘될 경우 업무 강도가 덩달아 높아지게 되면서 서로 마찰이 잦아지게 되고, 수입 분배 과정에서 다툼이 일어날 가능성이 높다. 기본적으로 요식업의 경우 매출에 비례해서 업무 강도도 올라가기 때문에 장사가 잘된다고 마냥 행복하지만은 않은 게 사실이다. 애초에 인건비를 아끼기 위해 가족과 시작했기 때문에 신규 인력을 채용하는 것보다 그냥 지금의 인력에 맞춰서 더 노력하자는 생각으로 일을 많이 하게 되는데, 이럴 경우 체력적으로나 정신적으로나 과부하가 올 수 있다.

이러한 문제는 장사가 안 될 때 더욱 심해지는데 하루 종일 좁은 가게에서 같이 일하게 되면 사소한 일들로 많이 부딪치게 되고 이러한 일들이 쌓여서 감정이 폭발하게 되는 경우가 생긴다. 돈이라도 되면 다행이지만, 장사가 안 될 경우 서로 누가 먼저 하자고 했느냐 등 잘잘못을 다투기 바쁘게 되는 게 사실이다. 주변에 부부끼리 장사하시는 사장님들 가게를 보면 가끔 영업 중에도 부부싸움으로 큰 소리가 나는 일이 많았다.

사람 심리상 가족에게는 화풀이를 더 쉽게 하게 된다. '이 정도는 이해해 주겠지'라는 생각이 오히려 관계를 해치기도 한다. 그냥 집에서 가끔씩 보는 게 낫지 매일매일 가게에서 장사도 안 되는데 서로 얼굴만 쳐다보고 있으면 싸움밖에 날 일이 없는 것이다.

지인과의 동업도 마찬가지다. 맨 처음에 계약서 쓰고 수익 분배 비율까지 나눠놓고 둘이 예상 매출 얼마 나오면 월 얼마씩 가져가면 딱 좋다, 뭐 이런 이야기를 하지만 장사가 항상 잘되는 게 아니다. 특히 요즘처럼 불경기일 때는 장사가 안 되기 시작하면 어느 한쪽의 멘탈이 부서질 확률이 높다. 그러다가 결국 서로 감정이 폭발하게 되어 가게 스트레스 외에 동업자 스트레스까지 같이 받게 되는 경우가 많이 생긴다.

장사는 혼자 하는 게 가장 낫다. 모든 책임과 권한을 내가 지는 구조가 오히려 명확하고 안정적이다. 잘돼도 내 탓, 안 돼도 내 탓이라는 태도가 결국 장사를 버티게 만든다.

내가 하면 다르다고? 똑같다

다음으로 "내가 하면 다르겠지?"라는 생각이다. 많은 사람에게 창업 전에 '쉽게 시작하지 말고 천천히 해봐라', '좀 알아보고 시작해라'라는 조언을 해줘도 소용이 없는 경우가 많다. '내가 하면 잘될 거야', '매출 50 나오는 가게도 내가 하면 100 만들 수 있어', '해보지도 않고 어떻게 알아? 일단 부딪혀 봐야지'라며 밀어붙이려는 경우가 흔하다. 하지만 이런 태도로 창업을 시작하면 실제로 장사가 잘 안 풀리는 경우가 많다. 그 이유는 그런 자신감이 구체적 근거 없이 막연한 확신에서 출발했기 때문이다. "왜 잘될 거라고 생각하세요?"라고 물어보면 대부분 "열심히 하면 되지 않겠냐"고 답한다. 그런데 다른 사장님은 열심히 안 하고 있을까? 모두가 같은 마음으로 뛰고 있다.

특별한 능력이나 경험이 없다면 결과도 남들과 크게 다르지 않다. 오히려 평균보다 못하지 않으면 다행이다. 장사를 처음 시작하려는 사장님들을 보면 거의 공통적으로 이상한 낙관론에 사로잡혀 있는 분들이 많다. 옆에서 조심해야 되지 않냐, 신중해라, 이런 말을 해도 뭐에 꽂혔는지 "내가 하면 무조건 된다"고 믿는 경우가 많다. 매출도 올릴 수 있고, 나중에는 풀오토(사장이 상주하지 않아도 직원만으로 운영되는 매장)로 돌릴 수 있다고 자신한다. 그런데 왜 이런 막연한 자신감으로 창업을 밀어붙이는 걸까?

직장인은 정해진 날에 월급이 들어온다. 하지만 자영업자는 '장사가 돼야' 돈이 들어온다. 이 차이를 간과하면 안 된다. 몇 달 잘된다고 해도 외부 변수 하나에 매출이 확 꺾이는 게 자영업이다. 그런데 이걸 꼭 직접 겪어봐야만 알 수 있을까? 창업 전에 시장 조사와 손익 분석만 제대로 해봐도, 이 사업이 수익이 나는지 안 나는지 판단할 수 있다. 생각보다 명확한 계산이 가능하다. '내가 하면 다르겠지'가 아니다. 거의 대부분은 '내가 해도 마찬가지'가 되어버린다. 물론 소수의 사장님들은 다르다. 하지만 그게 내가 될 거라고 쉽게 착각하지는 말아야 한다.

마진율이 높은 장사를 하자

마지막으로 꼭 당부할 것이 있다. 마진율이다. 편의점과 카페를 동시에 운영해 본 결과, 장사에서 가장 중요한 건 매출이 아니라 얼마나 남느냐, 즉 순수익이라는 걸 깨달았다. 편의점의 경우 담배처럼 마진율 낮은 제품 판매들이 있어서 겉보기에는 매출이 커 보여도 실제 순이익은 매우 적다. 보통 KT&G 국산 담배의 경우 담배 종류에 따라 다르지만 디스 같은 저가 담배의 경우 마진율이 7%에 불과하다. 4,000원짜리 담배 한 갑을 팔아도 고작 280원이 남는다. 여기서 끝이 아니다. 카드 결제 수수료와 본사 배분까지 빠지면 실질 이익은 더 줄어든다. 이처럼 담배의 마진율이 워낙 낮다 보니 전체 마진율도 담배 매출 비중에 따라 달라진다. 담배 비중이 높으면 20% 초반에서 30% 살짝 넘어가는 수준이 되기 때문이다.

하지만 카페는 구조 자체가 다르다. 아메리카노 한 잔은 마진율이 70%에 육박한다. 같은 매출을 올려도 카페는 편의점보다 훨씬 많은 순수익을 남긴다. 술 장사도 같은 원리다. 술집 장사가 돈이 되는 이유가 마진율이 높은 완제품인 소주와 맥주 판매가 올라가면서 전체 순수익을 견인해 가기 때문이다.

그러한 측면에서 배달 매출에 너무 의존하는 사업은 피하기를 바란다. 배달 전문점은 배달앱 플랫폼을 필수로 써야 하기 때문에, 홀 매장이나 테이크아웃 장사보다 마진율이 낮아질 수밖에 없다. 음식의 원재료 값뿐만 아니라, 배달 대행비, 플랫폼 광고비 등 부대 비용이 추가로 들어간다. 가뜩이나 고인플레이션으로 인해 원가가 증가하고 있는 요즘 더 힘들어지고 있는 상황이다.

홀 매장은 임대료가 높은 대신 장사가 잘되면 빠르게 마진율 개선이 가능하다. 하지만 배달 전문점은 기본적으로 임대료가 낮은 곳에 입점하는 구조다. 매출이 오를수록 광고비, 수수료, 대행비가 함께 증가하기 때문에 마진율 개선은 쉽지 않다. 매출만 올라가고 실제로 남는 돈은 얼마 되지 않아 몸만 갈아넣는 영업이 될 가능성이 높다는 말이다. 요즘 매물로 나온 배달 전문점들을 살펴보면 월 매출은 다들 높지만, 실제로 마진율을 계산해 봤을때 순이익이 너무 낮은 경우가 많다. 결국 장사의 구조를 판단할 때는 매출이 아니라 구조적으로 이익이 남는 모델인지를 봐야 한다.

2부

가게 차리면 한 달에 얼마나 벌까?

손익계산 없이 시작하면 반드시 후회한다

'계산' 없이 시작하면 안 되는 이유

자영업을 창업하고 나서 가장 많이 하는 말 중 하나가 실제로 장사를 해보니 예상보다 내 손에 떨어지는 수익이 현저하게 적다는 것이다. 도대체 왜 이러한 현상이 나타나는 걸까? 정확한 손익 분석을 하지 않고 창업했기 때문이다. 손익계산은 단순히 '매출-지출'이라는 공식만으로 끝나지 않는다. 초기 창업 비용뿐만 아니라 매달 들어가는 운영비, 소모품비, 유지 보수비, 세금, 수수료까지 모두 반영해야 한다. 그래야 진짜 순수익이 보인다. 실제로 오픈하고 나서 이러저러한 비용이 내 주머니에서 빠져나가게 될 때, 그제야 내가 사전에 계산했던 손익계산이 잘못된 것이란 걸 깨닫는다.

처음에 장사가 잘될 때는 별 상관이 없는 것처럼 보이지만, 어느 순간부터 바쁘게 일하는 것에 비해 통장 잔고가 쌓이지 않는다. 이것이 바로 비용이 어디서 새는지 정확히 파악하지 못한 것이다. 이러한 실수를 하지 않기 위해서는 먼저 정확한 손익계산서를 작성할 수 있어야 한다. 정확히 말하면 우리 가게의 손익분기점(BEP, break-even point)이 나오는 매출이 얼마인지를 제대로 알고 있어야 한다. 손익분기점이란 '딱 본전'이 되는 매출 수준이다. 이 매출을 넘겨야 비로소 수익이 생긴다. 그 아래면 장사가 아무리 잘돼도 결국 적자다. 매출액이 손익분기점 이하면 수익은 마이너스, 매출액이 손익분기점 이상이면 수익은 플러스가 될 것이다. 예를 들어 어느 편의점의 하루 BEP가 150만 원이라고 가정한다면 최소한 하루에 매출이 150만 원 이상이 되어야 손해를 보지 않는다는 뜻이다. 그 위로 올라가면 그 이상의 금액만큼이 이익으로 남는다.

특히 비용의 측면에서 고정비용과 변동비용을 정확하게 파악한 후 창업해야 한다. 일반적으로 가게를 운영할 때 발생하는 비용은 다음과 같다.

고정비	임대료, 관리비, 인건비, 전기료, 가스료 등
변동비	재료비, 마케팅비, 운송비 등

손익분기점이 되는 매출액을 구하는 공식은 아래와 같다.

$$\text{손익분기점} = \text{고정비} \div (1 - \text{변동비}/\text{매출액})$$

카페를 운영할 때 아래와 같이 비용이 나가는 경우를 예로 들어 보겠다.

고정비	
인건비	4,000,000원
임대료	2,500,000원
전기료 및 수도료	500,000원
시설 감가상각비	400,000원
합계	7,400,000원

변동비	
상품 재료비	40%
마케팅 비용	8%

예를 들어 고정비가 740만 원이고, 변동비 비율이 매출의 48%라면 약 1,423만 원이 손익분기점이다.

$$7,400,000 \div (1 - 0.48) = 약\ 14,230,000원$$

그럼 일간 손익분기점은 얼마일까? 월간 손익분기점인 1,423만 원을 영업일 수로 나누면 된다. 만약 30일 내내 영업한다면 30일로 나눠 대략 47만 원이 된다. 그렇다면 이 카페의 주력 메뉴가 1,500원짜리 아메리카노라고 가정해보자. 일간 손익분기점을 1,500원으로 다시 나눈다.

$$470,000 \div 1,500원 = 약\ 313잔$$

즉 하루에 아메리카노를 최소 313잔을 팔아야 '본전'이다. 다시 말하지만 '이익이 나는 지점'이 아니라 '손해를 보지 않는 최소 매출'이다. 이렇게 풀어서 보면 참 쉽지 않은 수량이란 것을 바로 알 수 있는데 창업 전에는 아무도 이러한 정보를 제대로 이야기해주지 않기 때문에 내 가게의 매출에 대한 정확한 이해가 없이 장사를 시작할 수밖에 없는 것이다. 손익분기점을 정확히 계산하지 않고 창업하면 막상 장사를 시작한 뒤에는 어디에서 비용이 새는지, 어떤 부분에서 수익을 더 낼 수 있는지 파악하기가 매우 어렵다.

문제는 처음 창업하는 입장에서는 이러한 수익 구조나 비용 항목, 유지 보수까지 대비한 운영비를 미리 계산하기가 쉽지 않다는 데 있다. 그래서 이 책에서는 대표 업종을 사례로 들어 실제 손익 구조를 분석하고, 월평균 매출 기준으로 한 달에 얼마를 벌 수 있는지 하나씩 계산해보려 한다.

`1억 미만 소자본 창업`

편의점

 소자본 창업을 고민하는 예비 창업자들이 가장 먼저 알아보는 업종 중 하나가 바로 편의점이다. 그중에서도 이마트24를 기준으로 실제 손익 구조를 분석하고, 한 달 동안 예상되는 수익을 구체적으로 계산해보겠다. 각 비용 항목을 구체적인 수치로 따져보면서 현실적인 수익을 예측하는 방식이다. 공정거래위원회 가맹 사업 정보 공개서에 따르면 이마트24 점포의 2022년 기준 연평균 매출액은 약 4억 3,763만 원이다. 이를 365일로 나누면 하루 평균 매출은 약 119만 원 정도로 계산된다. 이 수치는 모든 이마트24 점포의 평균값으로 창업 전 이 수치보다 자신의 예상 매출이 높은지, 낮은지를 기준 삼아 판단할 수 있다. 이마트24 일평균 매출인 119만 원을 기준으로 한 달 매출을 계산하면 119만 원 × 30.4일 =

약 3,617만 원이다.(365일 ÷ 12개월 = 약 30.4일)

편의점 수익은 이 매출에 마진율을 곱해서 계산한다. 브랜드마다 마진율은 조금씩 차이가 있는데 GS25는 28~30%, CU는 28~31%, 이마트24는 평균 24~25% 정도다. 이마트24의 마진율이 상대적으로 낮은 이유는 '배분율 구조' 대신 '회비제 구조'를 사용하면서 상품 가격에 본사 마진이 일부 포함되어 있기 때문이다. 또한 담배 판매 비중이 높을수록 전체 마진율은 더 떨어지는데, 담배는 마진이 7% 수준에 불과해 전체 수익 구조에 큰 영향을 준다. 마진율 25%를 기준으로 한 달 이익을 계산하면 3,617만 원 × 25% = 약 904만 원이 나온다. GS25나 CU는 이 이익을 본사와 점주가 7:3 또는 8:2 같은 배분율로 나누지만, 이마트24는 배분율이 아닌 고정 회비제를 채택하고 있다. 즉, 수익 중 일정 비율을 떼어가는 방식이 아니라 정해진 금액을 매달 회비로 납부하는 구조다. 이마트24의 개설 유형은 총 4가지(P1, P2, P3, H1)로 나뉜다. P1은 본사가 인테리어 비용을 전액 부담하는 대신 점주가 더 많은 월 회비를 내는 구조고, P3는 점주가 인테리어 비용을 부담하지만 월 회비가 적은 구조다. 즉, 투자금이 커질수록 월 회비는 줄어든다고 이해하면 된다.

초기 창업비 부담을 줄이기 위해 많은 예비 창업자가 이마트24의 P1 타입을 선택한다. 이 유형은 시설비를 본사가 부담하지만, 그 대가로 매달 일정 금액의 회비를 납부해야 한다. 현재 P1 타입의 월 회비는 부가세 포함 약 176만 원이며, 이를 앞서 계산한 904만 원의 이익에서 차감하면 728만 원이 남는다. 여기에 POS 유지 보수비 5만 원, 커피 머신 임대료 3만 원 등 추가 고정비 8만 원을 빼면 실제 남는 금액은 720만 원 수준이다. 다음으로 차감해야 할 가장 큰 고정비는 월세다. 서울 기준으로 10평 내외의 편의점도 기본 월세가 200만 원을 넘는 경우가 많으며, 최근 편의점 트렌드가 넓은 매장 구성인 점을 감안하면 보통 두 칸을 터서 20평 이상 사용하는 경우가 많다. 그럼 월세는 300만 원에서 400만 원까지도 나올 수 있다. 보수적으로 잡아도 월세 250만 원은 충분히 예상해야 하며, 이를 720만 원에서 차감하면 470만 원이 남는다.

여기에 최근 전기료가 급등하면서 편의점 운영에 부담이 크게 늘어났다. 특히 24시간 운영되는 편의점은 냉장고, 조명, POS 기기 등으로 인해 전력 사용량이 높을 수밖에 없다. 창업 전에 반드시 연평균 전기료 수준을 미리 확인해야 하는 이유다. 평균적으로 13평 규모 편의점은 월 70만 원에서 80만 원, 25평 이상 매장은 100만 원 이상의 전기료가 발생한다. 이 사례에서는 13평 기준으로 한 달 80만 원을 차감하겠다. 이제 남는 금액은 470만 원 - 80만 원 = 390만 원이다.

여기서 폐기 비용을 차감해보자. 폐기 비용이란 도시락, 삼각김밥, 샌드위치 등 신선 식품이 유통기한 내에 팔리지 못해 폐기될 경우 점주가 부담하게 되는 손실금이다. 본사에서 일정 비율을 보전해주기는 하지만 대부분의 손해는 점주 몫이다. 따라서 주문 시 폐기 발생을 최소화하는 전략이 중요한데 그렇다고 해도 일정 수준의 재고를 유지해야 하니 어쩔 수 없이 발생하는 고정비용이라고 봐야 한다. 하루 매출 120만 원 수준의 편의점이라면 월 20~30만 원의 폐기 비용을 감안해야 한다. 여기서는 보수적으로 20만 원을 차감해 390만 원 - 20만 원 = 370만 원이 남는다.

이제 기타 고정비용을 정리해보자. 수도료, 매장 전용 쓰레기봉투 구입비, 소모품 등 잡비용으로 월 10만 원, 매장 화재보험료 3만 원, 인터넷과 CCTV 사용료로 약 4만 원 정도가 추가로 빠진다. 이를 모두 합치면 약 17만 원이 차감되며, 기존 잔액 370만 원에서 제외하면 353만 원이 남는다. 이 금액이 순수익처럼 보일 수 있지만, 아직 가장 큰 비용인 인건비를 반영하지 않은 상태다. 실제 한 달 예상 순수익은 인건비를 제외한 후의 금액에서 결정된다. 2025년 기준 최저시급은 10,030원으로, 이제는 인건비 1만 원 시대가 본격적으로 열렸다. 인건비 비중이 높은 업종일수록 인력 운영 효율이 수익을 좌우하는 중요한 요소가 된다. 일반적으로 편의점은 24시간 운영되지만, 이마트24는 오전 7시부터 익일 새벽 1시까지 영업하는 점포가 많다. 이 기준으로 하루 18시간 운영한다고 가정하고, 이를 한 달(30.4일 기준)로 환산하면 총 547시간의 근무 시간이 필요하다. 이 중 점주가 주 6일을 오전 9시부터 오후 9시까지 하루 12시간씩 일한다고 가정하면, 한 달 근무 시간은 약 312시간이 된다. 나머지 235시간은 아르바이트 인력으로 충당해야 하며 235시간 × 시급

10,030원을 적용하면 인건비는 약 236만 원이 된다. 이 계산은 주휴수당, 퇴직금 등을 제외한 최소 기준이다.

그럼 아까 남았던 353만 원 - 236만 원을 계산해보자. 일 매출 120만 원인 이마트24 편의점의 한 달 예상 수익은 약 117만 원이라는 결과가 나온다. 더욱 충격적인 사실은 아직 부가세, 종합소득세, 4대 보험 등의 기타 비용을 차감하지 않았다는 점이다. 만약 이런 항목까지 제한다면 점주가 한 달에 300시간을 일하면서도 가져가는 돈은커녕 마이너스가 나는 장사를 하게 되는 것이다.

여기서 결론은 무엇일까? 애초에 편의점의 경우 일 매출 120만 원짜리는 장사를 시작하면 안 된다는 것이다. 그런데도 사전 손익 분석 없이 '이 정도 매출이면 최소한 300만 원은 남겠지'라는 막연한 기대감으로 창업에 나서는 경우가 많다. 기본적인 수익 구조조차 따져보지 않은 채 창업하면 결국 시간과 자본, 노력 모두를 잃는 결과로 이어질 수 있다. 창업 전 철저한 손익 계산은 선택이 아니라 필수다.

일 매출 119만 원 편의점의 월 예상 순수익

구분	금액(만 원)
총 매출(일 매출 119만 원 × 30.4일)	3,617
1차 순이익(마진율 25%)	904
회비 차감	-176
POS, 커피 머신 등 기타 고정비	-8
월세	-250
전기료	-80
폐기 비용	-20
기타 잡비(수도, 보험 등)	-17
아르바이트 인건비	-236
최종 순수익	**117**

1억 미만 소자본 창업
무인 아이스크림

여름이 다가오면 무인 아이스크림 할인점 창업을 고민하는 예비 창업자들이 늘어난다. 인건비 부담 없이 자동 운영이 가능하고, 가끔만 나가서 관리하면 수익이 나온다는 인식 때문이다. 관리가 쉬운 무인 점포로 추가 수입을 기대하며 새로운 '파이프라인'을 만들겠다는 목적에서다. 하지만 실제 무인 아이스크림 할인점의 매출과 마진율을 계산해보면 기대와는 다르다. 프랜차이즈 브랜드의 연평균 매출은 약 8,800만 원 수준으로, 하루 평균 매출로 환산하면 약 24만 원이다. 가맹 본부에서 홍보하는 '하루 50만~60만 원' 수준은 일부 잘된 매장의 사례일 뿐, 실제로는 하루 20만 원도 채우지 못하는 점포도 많다.

하루 평균 매출 24만 원 기준으로 한 달 예상 매출은 24만 원×

30.4일 = 약 730만 원이다. 이제 이 매출에서 실제 남는 순이익을 계산해보자. 무인 아이스크림 할인점의 대표 제품인 막대 아이스크림은 보통 600원에 판매되며, 대표 상품인 메로나나 비비빅의 매입 원가는 약 430원 수준이다. 마진율로 환산하면 약 28.4%로, 30%를 넘기기 어렵다. 콘류 제품은 1,200원에 판매되며, 월드콘이나 붕어싸만코 등의 매입 원가는 약 840원으로, 역시 마진율은 30% 내외에 머문다. 실제로 아이스크림 할인점의 평균 마진율은 약 28~30% 수준이며, 과자나 음료 등을 함께 판매하는 경우도 있지만 대부분은 아이스크림이 주요 매출 품목이기 때문에 평균 마진율을 28%로 가정해 계산을 이어가겠다.

마진율 28%를 기준으로 월매출 730만 원의 경우, 총 매출 × 마진율 = 730만 원 × 0.28 = 약 204만 원의 매출 총 이익이 남는다. 무인 아이스크림 할인점은 보통 프랜차이즈라 하더라도 별도의 월 회비나 로열티가 없기 때문에 이 항목에서 추가 비용은 발생하지 않는다.

이제 고정비용인 월세를 차감해야 한다. 대부분의 아이스크림 할인점은 주요 상권보다는 비교적 임대료가 낮은 지역에 입점하는 경우가 많아, 월세를 약 120만 원 수준으로 가정하겠다. 그러면 204만 원 - 120만 원 = 약 84만 원이 남는다.

다음으로 고려해야 할 중요한 비용은 전기료다. 최근 무인 아이스크림 할인점의 수익성이 낮아진 주요 원인 중 하나가 바로 이 전기료 인상이다. 2023년 1분기, 산업용 전기료는 역대 최대 수준인

kWh당 13.1원으로 약 9.5%가 인상되었고, 2분기에는 추가로 5.3%가 인상되었다. 자영업자들의 체감에 따르면 전기료가 약 30%가량 오른 것으로 느껴질 정도로 인상폭이 컸다.

아이스크림 할인점은 24시간 무인으로 운영되는 구조이기 때문에 전기료 인상은 수익성에 직접적인 타격을 준다. 특히 여름철에는 냉동고와 냉장고는 물론, 에어컨까지 계속 가동되기 때문에 전력 사용량이 급증할 수밖에 없다. 평균 10평 규모 기준으로 전기료는 월 50만 원 수준까지 발생하며, 이는 전체 순수익에서 상당한 비중을 차지하게 된다. 전기료가 앞으로 추가 인상될 가능성까지 고려하면, 장기적인 운영 부담은 더욱 커질 수밖에 없다.

전기료를 차감하면 84만 원 - 50만 원으로 약 34만 원의 순수익이 남는다. 무인 점포이므로 별도의 인건비는 발생하지 않지만, 청소나 진열 정리 등을 위해 하루 한 번 정도는 직접 방문해 관리해야 한다. 무인이라고 해서 관리가 완전히 필요 없는 구조는 아니라는 점을 인지해야 한다. 여기에 세무사 수수료, 화재보험, CCTV 유지비 등 기타 고정비용을 월 20만 원 수준으로 잡으면, 최종적으로 한 달 예상 순수익은 약 14만 원 정도에 불과하다. 이러한 손익 구조를 고려할 때, 무인 아이스크림 할인점은 수익 대비 투자 비용이 과도하다는 점에서 신중한 접근이 필요하다.

보통 10평 규모의 점포를 기준으로 보면, 집기, 인테리어, 시설, 초도 물량(오픈 시 매장을 채우기 위한 상품), 간판 등을 포함해 약 2,000

만 원에서 2,500만 원 정도가 소요된다. 여기에 보증금 1,000만 원을 포함하면 최소 투자금은 약 3,000만 원에서 3,500만 원 수준이다. 만약 25평 이상으로 넓은 매장을 계획할 경우 투자 비용은 5,000만 원에서 많게는 6,000만 원까지 늘어날 수 있다.

투자금은 적지 않은데 반해 순수익은 평균적으로 낮은 편이기 때문에 원금 회수에는 상당한 시간이 소요될 수 있다. 특히 무인 점포 특성상 도난이나 계산 실수로 인한 손실이 발생할 가능성이 존재한다. 일부 고객이 계산을 누락하거나 아이스크림을 결제 없이 가져가는 사례도 종종 발생한다. 또한 아이스크림 배송 기사들이 물품을 직접 진열하는 구조가 일반적이다 보니, 유통기한에 따른 선입선출(먼저 들어온 상품을 먼저 판매하는 원칙) 관리가 어려워 재고 손실 가능성도 높다. 일부 점포에서는 도난 발생 시 CCTV를 통해 고의성 여부를 판단하고, 상습 절도자에 한해 합의금을 받는 방식으로 로스 비용을 관리하고 있다. 실제로 일부 손실은 이 합의금으로 보전되기 때문에 손익 계산에서는 별도로 차감하지 않았다.

다만 무인 아이스크림 할인점은 계절 편차가 매우 큰 업종이다. 여름 성수기에는 높은 매출을 기대할 수 있지만, 겨울철 비수기에는 아예 수익이 나지 않는 경우도 드물지 않다. 최근에는 일부 아이스크림 할인점이 편의점 인근에 입점해 아이스크림 매출만 분리해 가는 전략을 취하기도 하는데, 이에 대해 편의점 본사 측에서는 행사나 할인 공급 등으로 방어 전략을 취하는 사례가 많아지고 있다.

이처럼 출점 입지나 계절 요인, 경쟁 매장의 대응까지 모두 고려해야 하기 때문에 무인 아이스크림 할인점 창업은 신중한 판단이 필요하다.

구분	금액(만 원)
총 매출(일 매출 24만 원 × 30.4일)	730
1차 순이익(마진율 28%)	204
월세 차감	-120
전기료	-50
기타 고정비(세무사, 보험 등)	-20
최종 순수익	14

일 매출 24만 원 무인 아이스크림 월 예상 순수익

1억 미만 소자본 창업
무인 카페

요즘 무인 점포에 대한 관심이 커지고 있다. 특히 인건비 부담 없이 운영할 수 있다는 장점 덕분에 무인 카페는 자영업자뿐 아니라 직장인들의 부업 아이템으로도 자주 언급된다. '하루에 10만 원만 팔아도 자동으로 돌아가는 구조면 수익이 꽤 남는 거 아니냐'는 기대감 때문이다. 하지만 실제 손익 구조를 뜯어보면 그 기대와는 꽤 다른 현실이 드러난다.

현재 무인 카페 브랜드 중 가장 많은 지점을 보유한 곳은 '나우커피'와 '데이롱카페'다. 공정거래위원회 가맹 사업 정보 공개서를 기준으로 2022년 이 두 브랜드의 연평균 매출을 살펴보면, 나우커피는 약 3,501만 원, 데이롱카페는 약 4,622만 원 수준이다. 이를 평균하면 연 매출은 약 4,062만 원이고, 일 매출로 환산하면 11만 원 수준이다. 생각보다 높지 않은 매출이다.

그렇다면 하루 11만 원 매출 기준으로, 무인 카페는 한 달에 얼마나 남길 수 있을까? 먼저 월 매출을 계산해보면 11만 원 × 30.4일 = 약 334만 원이 나온다. 이제 재료비를 빼야 한다. 무인 카페라고 해서 재료비 구조가 특별히 유리한 것은 아니다. 보통 커피류는 원재료비가 28~35% 정도며, 평균적으로는 약 30% 수준으로 본다. 이를 기준으로 하면 마진율은 약 70%이므로 334만 원 × 0.7 = 약 234만 원이다.

이제 임대료를 차감해보자. 무인 카페는 월매출이 크지 않기 때문에 임대료 부담이 적은 지역 위주로 입점하는 경우가 많다. 수도권 외곽이나 지방으로 갈수록 월세는 내려가지만, 일반적으로는 80~90만 원 수준이다. 여기서는 보수적으로 90만 원을 기준으로 계산한다. 그럼 234만 원 - 90만 원 = 144만 원이다.

이번에는 전기료와 수도료를 고려해보자. 무인 카페는 24시간 냉난방기를 비롯해 커피 머신, 정수기 등 전력 사용량이 상당하다. 계약 전력 5kWh 기준으로 냉난방기를 가동하지 않는 시기에는 약 11~15만 원, 여름·겨울철에는 약 18~25만 원의 전기료가 발생한다. 평균값으로 15만 원, 수도료는 월 3만 원으로 계산하면 144만 원 - 15만 원 - 3만 원 = 126만 원이 남는다.

무인 카페는 직원 없이 운영되기 때문에 직접적인 인건비는 발생하지 않는다. 하지만 '완전 무인'이라고 보기에는 어렵다. 하루에 한 번은 방문해 매장 청소, 재료 리필, 머신 점검을 해야 하고, 3~4일 간격으로는 머신 내부 세척 등의 관리도 필요하다. 즉, 인건비를 아낄 수는 있어도 손이 전혀 가지 않는 구조는 아니다.

다음으로는 결제 수수료를 고려해야 한다. 무인 카페는 대부분 카드 결제로 운영되며, 연 매출이 3억 원 이하인 경우에는 신용카드 우대 수수료율인 0.5%가 적용된다. 이를 하루 평균 매출 11만 원 기준 월매출 약 334만 원에 적용하면, 수수료는 약 1.7만 원 수준이다. 계산 편의상 2만 원으로 잡고 이를 차감하면 순이익은 약 124만 원이 된다.

여기에서 추가로 고려해야 할 고정비가 있다. 먼저 인터넷 사용료는 월 2만 원, 화재보험료는 3만 원 정도이며, 종합소득세 신고를 맡기는 경우 세무 대리인 수수료로 월 3만 원이 발생한다. 여기에 간단한 홍보나 이벤트 비용, 소모품 등 잡비로 약 7만 원을 추가로 감안하면 총 15만 원이 더 차감된다. 즉, 124만 원에서 15만 원을 빼면 최종 순수익은 약 109만 원 수준이 된다. 이처럼 하루 평균 매출 11만 원을 기준으로 할 경우, 무인 카페의 한 달 순수익은 약 109만 원 수준에 그친다. 생각보다 수익이 크지 않다는 점에서 단순히 '무인'이라는 이유만으로 수익성을 낙관해선 안 된다는 사실을 보여준다.

그렇다면 초기 투자금을 회수하는 데는 얼마나 걸릴까? 나우커피의 창업 비용을 기준으로 보면, 본공사·가맹비·교육비·기기류 등 기본 항목이 약 5,560만 원(부가세 포함), 여기에 전기 승압·소방 설비 등 별도 공사비로 약 1,000만 원이 추가된다. 이를 모두 더하면 임차 보증금을 제외한 총 투자금은 약 6,500만 원 수준이다. 월 순수익 109만 원 기준으로 회수 기간을 계산하면 약 59.6개월, 즉 약 5년이 걸린다.

하지만 여기서 꼭 짚고 넘어가야 할 점이 있다. 위 수익 계산은 '평균 매출'을 기준으로 한 것이다. 실제 현장에서는 하루 10만 원도 채우지 못하는 매장도 많고, 주변에 컴포즈나 메가커피 같은 저가 프랜차이즈가 들어설 경우 매출이 절반 이하로 떨어질 수도 있다. 게다가 무인 운영 특성상 관리가 소홀해지면 위생 문제나 고객 불만이 누적돼 매장의 신뢰도에 타격을 줄 수 있다.

무인 카페는 인건비를 줄일 수 있다는 점에서 분명한 장점이 있지만, 기대만큼 높은 수익률을 내기는 어렵다. 평균 수준의 매출을 기록하더라도 투자금 회수에는 최소 5년 이상이 걸린다. 특히 상권 입지, 경쟁 카페의 입점 여부, 전기료 상승 같은 외부 변수에 따라 수익은 크게 요동칠 수 있다는 점을 반드시 유념해야 한다.

일 매출 11만 원 무인 카페 월 예상 순수익

구분	금액(만 원)
총 매출(일 매출 11만 원 × 30.4일)	334
1차 순이익(마진율 70%)	234
임대료	-90
전기료	-15
수도료	-3
결제 수수료(0.5%)	-2
기타 고정비(인터넷, 보험, 세무, 홍보 등)	-15
최종 순수익	**109**

2억 미만 창업
저가 커피

　자영업 창업을 고민할 때 가장 먼저 떠올리는 업종 중 하나가 저가 커피 전문점이다. 점심시간만 되면 회사 주변 메가커피나 컴포즈커피 매장 앞에 줄이 늘어서 있는 모습을 보고 '나도 하면 잘되겠지'라는 생각이 들기 쉽다. 하지만 겉보기와는 다르게 실제 운영하는 사장님 입장에서는 기대와 현실의 간극이 큰 업종이기도 하다. 1억에서 2억 정도의 자본금으로 접근 가능한 비교적 부담이 적은 창업 아이템이지만, 그만큼 매장 수도 많아 경쟁이 치열하고, 준비 없이 시작하면 실패 위험이 높다는 점을 간과해서는 안 된다.

　대표적인 저가 커피 프랜차이즈인 메가커피와 컴포즈커피의 실매출 데이터를 바탕으로, 창업 시 예상할 수 있는 한 달 순수익을 계산해보자. 공정거래위원회 가맹 사업 거래 자료에 따르면, 2022년 기준 메가커피 가맹점의 연평균 매출은 약 3억 4,902만 원, 컴포즈 커피는 약 2억 6,501만 원 수준이다. 메가커피 쪽이 조금 더 높은 편이다. 두 브랜드의 평균치를 기준으로 단순 평균을 내면 연 매출은 약 3억 701만 원이며 이를 365일로 나누면 하루 평균 매출은 약 84만 원이 된다.

하루 매출이 84만 원이라면 한 달 평균 매출은 84만 원 × 30.4일 = 약 2,554만 원이다. 하지만 이 매출이 전부 이익이 되는 것은 아니다. 저가 커피 프랜차이즈의 경우 평균 원재료비는 약 35%로 알려져 있지만, 실제 현장에서는 38~40%까지 상승하는 경우가 많다. 이번 계산에서는 보수적으로 원가율을 38%로 가정하고, 마진율은 62%로 설정해보자. 또한 저가 커피 매장에서는 음료 외에도 디저트나 완제품을 함께 판매하는 경우가 많다. 이들 품목은 마진율이 낮기 때문에 판매 비중이 높아질수록 전체 마진율은 더 떨어질 수 있다. 단, 이번 계산에서는 배달 없이 전부 홀 매출 기준으로 설정한다. 그렇다면 한 달 순이익은 총 매출 2,554만 원 × 마진율 62% = 1,583만 원이다.

이제 비용을 차감해 실제 순수익을 계산해보자. 가장 먼저 월세다. 저가 커피 매장은 유동 인구가 많은 곳에 입점하는 것이 매출 확보에 핵심적인 요소이기 때문에, 어느 정도의 권리금이나 높은 월세를 감수하고서라도 상권이 좋은 자리를 선택하는 경우가 많다. 실제로 매출이 잘 나오는 매장의 경우, 월세가 200만 원에서 250만 원은 기본이고, 많게는 350만 원에서 400만 원까지 부담하는 사례도 있다. 이번 손익 계산에서는 중간 수준인 월세 250만 원을 적용하겠다. 그럼 1,583만 원 - 250만 원 = 1,333만 원이다.

저가 커피 매장에서 가장 비중이 큰 비용은 인건비다. 아메리카노 가격이 1,500~2,000원 수준인 이 업종은 마진율이 높은 대신 단가가 낮아 많은 수량을 빠르게 소화해야 한다. 예를 들어 1,500원짜리 음료로 시간당 7만 원의 매출을 내려면 1시간에 약 46잔을 제조해야 한다. 이는 직원 한 명이 쉴 새 없이 주문을 처리해야 하는 수준이며, 실제로는 두 명이 함께 운영해야 안정적인 서비스가 가능하다. 2022년 4월부터 매장 내 일회용 컵 사용이 금지되면서, 매장에서 음료를 마시는 고객에게는 별도의 컵을 제공해야 한다. 이로 인해 테이블 정리, 설거지 등 추가적인 업무가 발생하면서 인건비 부담이 더 커졌다.

특히 저가 커피 매장의 경우, 직원 한 명이 감당할 수 있는 시간당 매출 한계는 약 7만~8만 원 선이다. 이 이상이 되면 숙련도와 무관하게 2인이 교대 또는 동시 근무를 해야 원활한 운영이 가능하다. 저가 커피 매장에서 일 매출이 80만 원 수준이라면, 상시 근무 인원 2명이 필요한 수준이다. 매장을 오전 8시부터 오후 10시까지 하루 14시간 운영한다고 가정하면, 1인당 월 근무 시간은 14시간 × 30.4일 = 약 426시간이다. 2025년 최저시급인 10,030원을 적용하면, 1인 기준 한 달 인건비는 약 426만 원이다. 위 계산은 주휴수당과

퇴직금을 제외한 단순 최저시급 기준 금액이다. 여기에 주휴수당을 포함할 경우, 시급은 12,036원으로 상승하게 된다. 동일한 근무 시간(14시간 × 30.4일)을 기준으로 다시 계산하면, 1인 기준 한 달 인건비는 약 512만 원이다. 상시 2인 체제로 운영할 경우, 총 인건비는 512만 원 × 2명 = 약 1,024만 원이다.

점주가 직접 매장에서 근무하는 시간에 해당하는 인건비를 제외하면 실제 인건비 부담은 더 줄어든다. 예를 들어 점주가 주 5일, 월 20일 근무하고, 하루 9시간씩 일한다고 가정하면 9시간 × 20일 × 12,036원 = 약 216만 원이 된다. 이 금액을 총 인건비에서 차감하면, 1,024만 원 - 216만 원 = 808만 원이다. 즉, 점주가 하루 9시간 근무할 경우 실제 지출되는 인건비는 약 808만 원이다. 물론 점주가 더 많은 시간을 근무하거나 아르바이트 인력을 15시간 미만 단위로 쪼개어 운영할 경우 인건비는 추가로 절감될 수 있다. 순이익 1,333만 원에서 인건비 808만 원을 제외하면 약 525만 원이 남는다.

이제 전기료를 차감해야 한다. 최근 전기료 인상으로 인해, 12평 내외 점포 기준 월 평균 약 40만 원의 전기료가 발생한다. 이 금액을 반영하면, 525만 원 - 40만 원(전기료) = 485만 원이다. 즉, 전기료를 제외한 순이익은 약 485만 원이다. 수도료도 고려해야 한다. 저가 커피 매장에서 일 매출 100만 원 수준이라면, 월 수도료는 약 20만 원 정도 발생한다. 이 금액을 제외하면 485만 원 - 20만 원(수도료) = 465만 원이다. 즉, 수도료를 차감한 순이익은 약 465만 원이다.

프랜차이즈 가맹점의 경우, 본사에 납부하는 월 회비도 고려해야 한다. 메가커피는 월 회비 15만 원과 광고비 12만 원을 별도로 받고 있으며, 컴포즈커피는 월 회비 20만 원을 고정 비용으로 책정하고 있다. 이번 계산에서는 평균적인 기준으로 20만 원을 적용하면, 465만 원 - 20만 원(월 회비) = 445만 원이다. 다시 말해 월 회비를 반영한 후 예상 순이익은 445만 원이 된다.

카드 결제 수수료도 고려해야 한다. 연 매출이 3억 원을 초과하면, 일반적으로 카드 수수료는 약 1.1%가 적용된다. 저가 커피 매장의 경우 전체 매출의 90% 이상이 카드 결제이므로, 이를 기준으로 계산하면 2,554만 원 × 90% × 1.1% ≈ 약 25만 원이다. 따라서 카드 수수료를 반영하면 순이익은 445만 원 - 25만 원 = 420만 원이 된다.

여기에 관리비 항목까지 추가로 반영해보자. 월 기준으로 인터넷 및 전화 3만 원, 화재보험 5만 원, CCTV 3만 원, 세무사 비용 8만 원, 기타 잡비용 5만 원 등 약 25만 원이 고정비로 추가된다. 이를 차감하면, 420만 원 - 25만 원 = 395만 원이다. 즉, 일 매출 84만 원 기준 저가 커피 매장의 한 달 예상 순이익은 약 395만 원이다. 항목별로 보면 소액처럼 보이지만, 누적되면 결코 적지 않은 고정비임을 알 수 있다.

단, 여기서 유의할 점이 있다. 메가커피나 컴포즈커피는 저가 커피 프랜차이즈 중에서도 상대적으로 평균 매출이 높은 브랜드다. 실제로 일부 브랜드는 이보다 훨씬 낮은 일 매출을 기록하는 경우도 많다. 같은 업종이라 해도 브랜드나 입지, 운영 방식에 따라 수익 구조는 크게 달라질 수 있다는 점을 염두에 둘 필요가 있다. 또한 저가 커피 업종의 또 다른 특징은 일정 수준 이상의 매출을 기록하면, 인근에 유사 브랜드의 경쟁 매장이 들어설 확률이 높아진다는 점이다. 특히 일 매출이 100만 원을 넘기 시작하면, 해당 상권이 '검증된 입지'로 인식되어 타 브랜드의 출점 타깃이 되기 쉽다. 이는 초기 매출 상승 이후의 시장 점유율 유지에 위협이 될 수 있으므로, 입지 선정과 브랜드 전략 모두 장기적인 관점에서 설계해야 한다. 저가 커피는 초기 창업 비용이 상대적으로 낮기 때문에 진입 장벽이 매우 낮은 편에 속한다. 그만큼 신규 진입자가 많고 경쟁이 치열해질 가능성이 크다. 단기간에 높은 매출만 보고 섣불리 시작하기보다는, 중장기적인 경쟁 지속 가능성과 상권 내 수요 포화 상태까지 면밀히 검토해야 한다.

표면적으로는 고정비에 비해 수익이 괜찮아 보일 수 있다. 그러나 단기 수익만 보고 창업을 결정할 경우, 이후 인건비 상승이나 경쟁 과열, 계절에 따른 매출 변동 등의 변수로 인해 수익성이 급격히 악화될 수 있다. 특히 저가 커피 업종은 자리 선정과 매장 운영이 수익에 큰 영향을 미치기 때문에, 창업 전에는 예상 매출과 고정비 구조를 기반으로 한 정밀한 손익 계산과 상권 분석이 반드시 선행돼야 한다.

일 매출 84만 원 저가 커피 월 예상 순수익

구분	금액(만 원)
총 매출(일 매출 84만 원 × 30.4일)	2,554
1차 순이익(마진율 62%)	1,583
임대료	-250
인건비(점주 제외)	-808
전기료	-40
수도료	-20
가맹 회비 및 광고비	-20
카드 결제 수수료	-25
기타 고정비(인터넷, 보험, 세무 등)	-25
최종 순수익	**395**

`2억 미만 창업`

치킨집

    치킨집은 자영업 창업을 고려할 때 누구나 한 번쯤 떠올리는 대표적인 업종이다. 우리나라 외식 자영업 가운데 가장 오랜 역사를 가진 분야 중 하나이며, 과거에는 '창업의 상징'처럼 인식되기도 했다. 특히 최근에는 개인 운영보다 프랜차이즈 형태가 대다수를 차지하고 있으며, 브랜드 수가 워낙 다양해 브랜드 선택 자체가 창업의 중요한 변수로 작용한다.

    최근 치킨집 창업에서 가장 주의해야 할 점 중 하나는 원가율 상승이다. 대표 브랜드인 교촌은 지난해 4월 가격을 인상했고, BBQ는 2년 연속 가격을 올렸다. 배달비까지 포함하면 치킨 한 마리 가격이 3만 원을 넘는 경우도 많아져, 더 이상 저렴한 외식 메뉴로 보기 어렵다. 따라서 창업을 고민할 때는 원가 구조와 소비자 부담을 충분히 고려할 필요가 있다.

  치킨 프랜차이즈의 또 다른 특징은 본사 공급 원재료의 단가가 시중보다 높다는 점이다. 특히 원가에서 큰 비중을 차지하는 튀김유는 대부분 본사에서 지정한 전용 제품을 사용해야 하며, 사용이 의무화된 브랜드도 많다. 이 전용 기름은 15kg 기준 15만 원을 넘는 경우가 많다. 반면 일반 해바라기유는 18L 기준 5만 원대에 구매할 수 있어 가격 차이는 3배 이상 벌어진다. 물론 최근 기름값 상승은 단순한 유통 마진 문제만은 아니다. 실제로 올리브유의 경우 2020년 1분기 톤당 2,740달러에서 2024년 1분기 1만 88달러로 4배 가까이 상승했다. 문제는 이렇게 상승한 원재료 비용이 고스란히 점주에게 전가된다는 점이다. 이로 인해 전체 원가율은 꾸준히 상승할 수밖에 없는 구조가 형성된다. 일부에서는 "기름을 시중에서 따로 사입해 쓰면 안 되느냐"는 질문도 있지만 메이저 프랜차이즈에서는 사실상 불가능하다. 본사가 정기 점검을 통해 튀김유를 수거하고 성분을 분석하는 시스템을 운영하고 있기 때문이다. 사입 사실이 적발될 경우 영업 정지 등 강도 높은 제재가 내려질 수 있어 현실적으로는 본사 공급 외 제품 사용이 어려운 구조다.

  치킨 업종에서 사용하는 부자재의 단가도 적지 않다. 포장 박스, 비닐 봉투, 치킨 무 등 기본 부자재 항목만 해도 비용이 꾸준히 발생하며, 특히 포장용 치킨 상자는 브랜드에 따라 개당 500원이 넘는 경우도 흔하다. 주재료인 닭고기는 일반적으로 9호를 가장 많이 사용하며, 2024년 6월 8일 기준 한국육계협회 고시 단가는 3,462원이다. 닭고기 원자재 가격은 일시적으로 하락한 적도 있지만, 프랜차이즈 본사의 유통 마진은 고정되어 있어 점포 공급가는 쉽게 낮아지지 않는다. 주요 원재료비와 부자재 비용, 그리고 배달 중심의 매출 구조까지 감안하면, 단순한 매출 규모만으로 수익성을 판단하기는 어렵다.

이제 이러한 요소들을 모두 반영해 실제 치킨집의 월 예상 순수익을 구체적으로 계산해보자. 치킨 프랜차이즈는 브랜드 수가 워낙 많고, 브랜드별 연 매출 격차도 커서 평균값을 산정하기가 어렵다. 따라서 현재 배달 기준 평균 객단가인 25,000원을 기준으로, 하루 50마리를 판매한다고 가정해 일 매출 약 125만 원을 설정하고 한 달 예상 순수익을 계산해본다. 치킨 업종은 배달 매출 비중이 가장 높은 분야 중 하나다. 이에 따라 총 매출은 배달 80%, 포장 및 홀 매출 20%로 가정하고 수익 계산을 진행한다.

배달 방식은 정률제 수수료가 높은 배민 배달보다는 수수료 부담이 상대적으로 적은 가게 배달이 더 많이 활용된다. 따라서 배달 매출 내 구성은 가게 배달 70%, 배민 배달 30%로 설정해 분석한다. 하루에 50마리를 판매해 일 매출 125만 원을 유지할 경우, 프랜차이즈 치킨집 사장의 한 달 순수익은 얼마나 될까? 먼저 월 매출은 125만 원 × 30.4일로 계산하면 약 3,800만 원이다. 여기에 마진율을 적용해 실제 남는 이익을 계산해보자. 단순화를 위해 사이드 메뉴나 주류 없이 후라이드 치킨만 판매한다고 가정하겠다. 사이드 메뉴나 주류가 더해지면 마진율은 더 높아질 수 있다. 기본 메뉴로는 후라이드 치킨(9호 닭 기준, 뼈 포함)을 2만 원에 판매한다고 하자. 포장 주문의 경우 2,000원 할인된 1만 8,000원에 판매한다고 설정하겠다.

한 마리당 원가를 항목별로 살펴보면, 먼저 닭고기 원가가 가장 크다. 2024년 6월 8일 한국육계협회 기준 9호 닭 단가는 3,462원이며, 여기에 프랜차이즈 유통 마진 약 3,000원이 더해져 점포 공급가는 약 6,500원이다. 다음은 파우더 원가. 보통 5kg 단위 포장을 사용하는데, 치킨 한 마리당 약 200g이 들어간다. 5kg당 약 25마리를 튀길 수 있으며, 파우더 가격을 2만 원으로 보면 1마리당 약 800원이 든다. 기름은 18L 한 통에 약 10만 원, 폐유 환급 시 12,000원을 돌려받는다고 가정하자. 기름 한 통으로 약 65마리를 튀길 수 있으니, 1마리당 기름 원가는 (100,000 - 12,000) ÷ 65 = 약 1,350원이 된다. 부자재도 포함해야 한다. 박스 500원, 비닐봉지 100원, 치킨무 300원, 소금 13원, 소스 40원을 합산하면 953원이다. 따라서 후라이드 치킨 1마리당 총 원가는 약 9,603원이 된다. 판매가 2만 원 대비 원가율은 약 48%다. 콜라 제공 시 원가율은 더 상승한다. 포장 기준으로 마진율을 계산해보면, 판매가는 18,000원, 원가 9,603원을 빼면 1마리당 이익은 8,397원이다. 마진율은 약 42%다.

후라이드 치킨 한 마리당 원가

구분	내용	금액(원)
닭고기	9호 닭 + 본사 마진	6,500
파우더	마리당 약 200g 사용	800
튀김유	폐유 환급 반영 시	1,350
포장박스	브랜드 전용	500
비닐 봉투	기본 부자재	100
치킨 무	1개 제공 기준	300
소금, 소스 등	머스타드 포함	53
총합 원가		**9,603원**

배달 판매는 어떨까? 고객이 담하는 배달팁 2,000원을 포함하면 총 수입은 22,000원이 된다. 배달 대행비는 4,400원(1.2km 기준, 부가세 포함), 오픈 리스트 수수료율은 6.8%(1,360원), 결제 수수료는 약 500원이다. 여기에 치킨 원가 9,603원을 합하면, 최종 순수익은 6,137원, 마진율은 약 27%다. 배민 배달을 사용할 경우, 2025년부터 상생 수수료가 적용된다. 상위 35% 가맹점은 7.8%의 중개수수료가 부과된다. 판매가 2만 원에서 수수료 1,560원, 배달비 3,400원, 결제 수수료 500원, 원가 9,603원을 빼면 남는 금액은 약 4,937원. 마진율은 약 24%다. 이처럼 수익 차이가 크기 때문에, 많은 사장이 자

체 배달을 선호한다. 이제 매출 3,800만 원을 포장, 가게 배달, 배민 배달로 나누면 다음과 같다.

포장	3,800만 원 × 20% = 760만 원
가게 배달	3,800만 원 × 80% × 70% = 2,128만 원
배민 배달	3,800만 원 × 80% × 30% = 912만 원

각 매출별 예상 순수익은 다음과 같다.

포장	760만 원 × 42% ≒ 319만 원
가게 배달	2,128만 원 × 27% ≒ 574만 원
배민 배달	912만 원 × 24% ≒ 219만 원
총합	**약 1,112만 원**

여기서 고정비를 빼보자. 월세는 배달 위주 12~13평 규모 기준 200만 원으로 가정했다. 1,112만 원 - 200만 원 = 912만 원이다. 전기료 50만 원, 가스비 20만 원, 수도료 5만 원 차감 후 잔액은 837만 원이다. 이제 인건비를 반영하자. 사장이 주 6일 이상 직접 운영한다고 가정하고, 매출의 12% 수준인 456만 원을 인건비로 설정했다. 837만 원 - 456만 원 = 381만 원이 된다. 마지막으로 기타 고정비를 차감해보자. 다음과 같이 상정한다.

배달 대행 관리비	10만 원
CCTV	3만 원
인터넷, 전화	3만 원
화재보험료	5만 원
세무사 비용	8만 원
기타 잡비	5만 원

총 34만 원이다. 381만 원 - 34만 원 = 약 347만 원이 최종 순수익이다. 이 계산은 사장이 직접 운영하고 배달은 100% 대행을 사용하는 구조를 기준으로 했다. 실제로는 사장이 직접 배달하거나, 배달 외 매출 채널을 추가해 수익을 높이는 경우도 많다. 따라서 창업 전에는 본인의 운영 스타일과 여건을 현실적으로 판단해 구조를 설계하는 것이 필요하다.

일 매출 125만 원 치킨집 예상 순수익

구분	금액(만 원)
포장 매출	319
가게 배달	574
배민 배달	219
합계	1,112
임대료	200
전기료	50
가스료	20
수도료	5
인건비	456
배달 대행 관리비	10
CCTV	3
인터넷 및 전화	3
화재보험료	5
세무사	8
기타 잡비	5
총 매출	3,800
총 영업이익(매출 - 원가)	1,112
총 고정비	765
최종 순수익	**347**

2억 미만 창업
피자집

    치킨집과 더불어 자영업을 떠올릴 때 가장 먼저 생각나는 외식 업종 중 하나가 바로 피자다. 2022년 기준, 전국 피자 프랜차이즈 가맹점 수는 7,878개로, 같은 해 기준 프랜차이즈 치킨집이 2만 7,553개인 것과 비교하면 약 3분의 1 수준에 불과하다. 이 숫자만 보면 상대적으로 경쟁이 덜한 피자 업종이 더 유리하지 않나 생각할 수 있다.

    하지만 피자 시장은 단순히 가맹점 수만 보고 판단하기 어렵다. 프랜차이즈 외에도 개인 피자 매장을 운영하는 사장님들의 수가 상당히 많으며, 실제 배달앱 주문 상위권에 이름을 올리는 개인 매장도 적지 않다. 특히 피자는 배달 중심 업종이다 보니, 배달 구조에 대한 이해 없이 창업할 경우 오히려 더 큰 리스크를 안게 될 수 있다.

예를 들어 피자 업종은 아직도 무료 배달이 보편적이다. 배달비를 따로 받지 않는 경우가 많아, 서울 기준 배달 대행비가 1.2km에 4,400원이라는 점을 감안하면 건당 2,000~3,000원의 마진 손실을 기본으로 감수하고 운영해야 한다. 이는 다른 업종에 비해 구조적으로 수익 방어가 어려운 부분이다.

또한 브랜드 간 매출 격차가 크다는 점도 유의해야 한다. 도미노피자가 매출 기준 압도적 1위를 차지하고 있으며, 2위인 피자헛과도 격차가 크다. 이런 상황에서는 단순 평균치를 잡기 어렵기 때문에, 이번 수익 분석에서는 중위권 프랜차이즈 피자 브랜드를 기준으로 일 매출 100만 원 수준의 매장을 가정해보겠다.

매장 운영 형태는 홀 영업 없이 배달과 포장 중심으로 설정하며, 매출 비중은 배달 80%, 포장 20% 기준으로 한다. 배달 방식은 가게 배달 70%, 배민 배달 30% 비율로 나누어 수익 시뮬레이션을 진행한다. 그렇다면 일 매출 100만 원을 한 달 내내 유지한다고 가정할 때, 피자집 사장님이 실제로 가져가는 순수익은 얼마나 될까? 먼저 총매출은 1,000,000원 × 30.4일 = 약 3,040만 원이 된다.

이제 여기에 원가와 각종 비용을 차감해 예상 순수익을 계산해보자. 각 브랜드마다 물류비와 원재료 단가는 조금씩 다르지만, 가장 많이 판매되는 라지 사이즈 반반 피자(25,000원 기준)를 중심으로 주요 원가 항목을 정리하고, 전체 마진율을 추정해 순이익을 도출해보겠다.

도우는 라지 사이즈 기준 약 1,400원이며, 피자에서 가장 비중이 큰 치즈는 2022년부터 가격이 급등하기 시작했다. 무려 14개월 연속으로 10% 이상 상승한 적도 있을 만큼, 원재료 부담이 커진 상황이다. 현재 개인 매장은 2.5kg 냉장 99% 치즈를 약 23,000원에 구매할 수 있지만, 프랜차이즈 가맹점의 경우 저렴한 브랜드는 25,000원, 비싼 곳은 30,000원이 넘는 가격에 납품받는 경우도 있다. 이번 분석에서는 2.5kg에 25,000원을 기준으로 잡는다. 콤비네이션 라지 기준 치즈 사용량은 약 220~230g이며, 치즈 원가는 (25,000원 ÷ 2,500g) × 230g = 약 2,300원이다. 여기에 햄, 야채 등 토핑 및 소스류 5,380원, 라지 사이즈 피자 박스 730원, 피클 300원, 핫소스 90원, 파마산 치즈 50원을 포함하면, 피자 1판 기준 원가는 약 10,250원이 된다. 원가율로 보면 약 41% 수준이다.

하지만 피자의 수익성을 결정짓는 또 하나의 변수는 리뷰 이벤트 품목이다. 대부분의 배달 음식점이 리뷰 이벤트를 제공하지만, 피자의 경우 '치즈 오븐 스파게티'라는 고정 리뷰 사은품이 마진에 상당한 영향을 준다. 다른 피자집 대부분이 해당 메뉴를 리뷰 사은품으로 제공하고 있기 때문에, 이를 하지 않으면 주문이 이탈하는 경우가 잦아 사장 입장에서는 사실상 필수가 된다. 치즈 오븐 스파게티의 원가는 다음과 같다. 스파게티 면 250원, 치즈(50g) 500원, 은박 용기 150원, 소스 및 토핑 800원 등으로, 총 약 1,700원이 소요된다. 따라서 리뷰 서비스까지 포함할 경우 피자 한 판당 총원가는 10,250원 +

1,700원 = 약 11,950원이 되고, 원가율은 47.8%까지 상승한다.

    이러한 구조에서는 피자 1판 기준 마진율이 약 52% 수준으로 떨어진다. 여기에 대부분의 피자 프랜차이즈가 진행하는 포장 할인 1,000원을 추가로 적용할 경우, 소비자가 실제 결제한 금액은 25,000원에서 1,000원 차감된 24,000원이 된다. 이 경우 순수익은 24,000원 - 11,950원 = 12,050원, 마진율은 약 48.2% 수준으로 더 낮아진다.

항목	설명	비용(원)
도우	라지 사이즈 기준	1,400
피자 치즈	치즈 230g 기준	2,300
토핑 및 소스	콤비 토핑	5,380
피자 박스	라지 사이즈 기준	730
피클	기본 제공	300
핫소스	기본 제공	90
파마산 치즈	기본 제공	50
리뷰 이벤트(치즈 오븐 스파게티)	스파게티 면 + 치즈 + 소스 + 용기	1,700
포장 할인	주문 시 할인 적용	1,000
총 합계	포장 할인 포함 총 원가	12,950

그런데 이 마진율은 포장 기준이다. 그렇다면 배달로 판매했을 경우에는 피자 한 판당 실제로 얼마나 남을까? 먼저 가게 배달과 배민 배달 모두 무료 배달을 가정하고 계산해보자. 가게 배달의 경우, 직접 배달을 하지 않고 배달대행사를 사용할 경우 서울·수도권 기준 기본 대행비는 1.2km당 약 4,400원(부가세 포함)이다. 또한 피자집은 자체 할인 쿠폰 제공이 거의 필수이기 때문에, 1,000원의 추가 할인도 고려해야 한다. 이를 반영해보면, 가게 배달 기준 피자 한 판당 순수익은 판매가 25,000원 - 재료비 11,950원 - 오픈 리스트 수수료 6.8%(약 1,700원) - 쿠폰 1,000원 - 배달대행비 4,400원 - 결제정산수수료 2.5%(약 625원) = 약 5,325원이 된다. 또한 마진율은 약 21.3%다.

배민 배달의 경우 수수료 구조가 다르다. 중개 수수료 7.8%(약 1,950원), 배달비 3,400원, 결제 정산 수수료 2.5%(625원), 재료비 11,950원을 차감하면 다음과 같다. 25,000원 - 1,950원 - 3,400원 - 625원 - 11,950원 = 약 7,075원이다. 그러므로 마진율은 약 28.3%다. 이제 전체 매출 3,040만 원을 포장, 가게 배달, 배민 배달 비율에 따라 나누고, 각각의 순수익을 계산해보자.

포장	3,040만 원 × 20% = 608만 원
가게 배달	3,040만 원 × 80% × 70% = 1,702만 원
배민 배달	3,040만 원 × 80% × 30% = 730만 원

각 매출 유형별 순수익은 다음과 같다.

포장	608만 원 × 48.2% = 약 293만 원
가게 배달	1,702만 원 × 21.3% = 약 362만 원
배민 배달	730만 원 × 28.3% = 약 207만 원

합산하면 총 순수익은 약 862만 원이 된다. 여기서 전기료, 가스료, 수도료를 차감해야 한다. 피자집은 조리 시간이 짧고 기계 의존도가 높지 않기 때문에 다른 업종보다 공과금 부담이 낮은 편이다. 10평 기준, 계약전력 10kW 매장에서의 월 공과금은 전기 30만 원, 가스 10만 원, 수도 3만 원으로, 총 약 43만 원 정도로 추산할 수 있다. 그럼 862만 원에서 재료비 43만 원을 제외하면, 매출총이익은 819만 원이 된다.

여기서 가장 비중이 큰 인건비를 차감해야 한다. 일반적으로 피자집은 월매출 2,000만 원 정도까지는 사장이 혼자 운영할 수 있지만, 그 이상부터는 필수적으로 직원을 채용해야 한다. 이번 계산에서는 모든 직원을 주휴수당이 발생하지 않는 15시간 미만 근무 조건에 2025년 기준 최저시급인 10,030원으로 가정한다. 영업 시간은 오후 12시부터 새벽 1시까지, 한 달 26일(4회 휴무) 기준이며, 하루 총 13시간 중 8시간은 사장 혼자, 나머지 5시간은 2인이 함께 근무하는 구조로 운영한다고 가정하면 다음과 같다.

혼자 근무	8시간 × 26일 = 208시간
2인 근무	5시간 × 2명 × 26일 = 260시간
총 근무 시간	208 + 260 = 468시간
총 인건비	**468시간 × 10,030원 = 약 469만 원**

이 중 사장이 주 5일, 하루 9시간씩 월 20일 직접 근무한다고 가정하면 다음과 같다.

사장 근무 시간	9시간 × 20일 = 180시간
차감 인건비	180시간 × 10,030원 = 약 180만 원
직원 인건비	469만 원 - 180만 원 = 289만 원

이를 매출 총 이익 819만 원에서 차감하면 819 - 289 = 530만 원이 남는다.

다음은 고정비 차감이다. 피자집은 배달 중심 업종이므로, 일반적으로 가시적인 상권보다 배달 반경 내 거주 밀집 지역이 더 중요하다. 이로 인해 입지 대비 임대료가 비교적 낮은 편이다. 10평 규모 매장 기준 월세를 100만 원으로 가정하면 530 - 100 = 430만 원이다. 여기에 각종 관리 비용을 추가로 차감해야 한다.

카드 결제·상품권 수수료	40만 원
배달 대행 관리비	10만 원
CCTV, 인터넷, 전화	6만 원
화재보험료	5만 원
세무사 비용	8만 원
기타 잡비	5만 원
총합	**74만원**

그러므로 430만 원 - 74만 원 = 356만 원인데 이 금액은 부가세, 종합소득세, 퇴직금, 직원 식대 등이 제외되기 전의 순이익이며, 실제 수익은 이보다 더 줄어든다. 또한 프랜차이즈 운영 시 할인 행사 비용 분담도 반드시 고려해야 한다. 할인 행사에서 가맹점이 부담하는 금액은 보통 40~60% 수준이다. 피자 업종의 경우 무료 배달이나 리뷰 사은품(파스타 증정 등) 같은 마케팅이 이익률을 크게 떨어뜨리는 주요 원인이 된다. 따라서 본인이 창업하려는 지역의 경쟁 피자집들이 고객에게 배달 팁(1,000~1,500원)을 받고 있는지, 리뷰 사은품을 제공하고 있는지 반드시 체크할 필요가 있다. 이 업종은 최소한 배달 팁을 받아야 손익분기점이 맞춰지는 구조이기 때문이다. 마지막으로 피자집은 업무 강도가 낮지 않은 업종이다. 특히 사장이 직접 배달을 병행할 경우, 추가 수익 확보가 가능하므로 이 부분까지 함께 고려한 운영 계획이 필요하다.

일 매출 100만 원 피자집 예상 순수익

항목	금액(만 원)
포장 매출	608
가게 배달 매출	1,702
배민 배달 매출	730
포장 순수익	293
가게 배달 순수익	362
배민 배달 순수익	207
총 영업 이익	862
공과금(전기료 + 가스료 + 수도료)	43
공과금 차감 후	819
총 인건비	289
인건비 차감 후	530
월세	100
기타 고정비	74
최종 순수익	**356**

2억 미만 창업
코인 세탁소

최근 부업 열풍과 함께 다양한 무인 업종들이 주목받고 있다. 무인 카페, 무인 아이스크림점 등도 인기를 끌고 있지만, 조금 더 높은 수익을 기대하는 예비 창업자들 사이에서는 코인 세탁소(무인 빨래방)가 주목받는 업종이다.

먼저 무인세탁소의 창업 비용을 살펴보자. 무인세탁소는 프랜차이즈로 오픈하느냐, 개인으로 하느냐에 따라 창업 비용 차이가 크다. 기계의 브랜드와 용량, 인테리어 범위 등에 따라 전체 투자금이 달라지기 때문이다. 예를 들어 크린토피아의 '코인 워시 멀티숍' 기준으로 보면, 세탁기 + 건조기 3세트 가격만 약 7,348만 원이다. 세트당 약 2,450만 원꼴이다. 여기에 간판, 인테리어, 행거, 키오스크 등을 포함하면 총 창업 비용은 약 1억 2,077만 원 정도가 소요된다.

이 매장은 코인 워시와 세탁 편의점이 결합된 형태지만, 기계와 인테리어 같은 핵심 시설비는 일반 코인 워시 매장과도 거의 동일하다. 따라서 단독 코인 워시로 창업한다고 해도 비슷한 규모의 비용이 발생한다.

여기에 임차 보증금 2,000만 원을 추가하면, 총 투자금은 1억 4,000만 원 수준이다. 개인 매장으로 오픈할 경우 이보다 저렴할 수 있지만, 그래도 1억 원 이상은 각오해야 하는 업종이다. 무인 업종 중에서도 초기 투자금이 상당히 높은 편에 속한다. 보통 코인 세탁소는 세탁기 3대, 건조기 3대를 기본 세팅으로 한다. 기계 용량은 20kg, 20kg, 30kg 조합이 일반적이며, 매장 규모가 크면 4세트(20kg, 20kg, 30kg, 30kg) 조합으로 늘어나기도 한다. 간혹 40kg 이상 대용량 장비를 설치하는 곳도 있지만, 장비 가격이 매우 비싼 데 비해 실제 수요가 많지 않아 일반적인 구성은 아니다. 또한 대부분의 매장은 운동화 전용 세탁기 1대, 건조기 1대를 별도로 추가하는 형태다.

세탁 요금은 기본 4,500원 수준이며, 이불 빨래나 헹굼 추가 등 옵션에 따라 요금이 가산된다. 대용량 기계의 경우 1,000원 정도가 추가되고, 평균 소요 시간은 약 30분 정도다. 일반적으로 한 명의 고객이 세탁기 + 건조기를 1세트 사용하는 경우가 많아, 객단가는 약 1만 원으로 잡으면 매출 계산이 간편하다.

그렇다면 실제 매출은 어느 정도일까? 코인 세탁소 프랜차이즈의 2023년 연평균 매출을 보면 다음과 같다.

A 브랜드	5,059만 원 → 월 평균 421만 원
B 브랜드	4,543만 원 → 월 평균 378만 원

　예상보다 매출이 높지 않은 편이다. 따라서 한 달 순수익을 계산하려면 비용 항목을 면밀히 차감해봐야 한다. 그중 가장 중요한 고정비가 바로 월세다. 코인 세탁소는 총매출이 크지 않은 업종이기 때문에, 월세 150만 원 이상인 매장은 매우 위험하다. 고정비가 낮아야 수익률이 보존되기 때문에, 입지 선정 시 월세가 수익을 결정짓는 핵심 변수가 된다. 대부분의 코인 세탁소는 월세 100만 원 이하가 이상적이다. 하지만 요즘은 그런 자리를 찾기가 쉽지 않아, 월 120~130만 원대까지 월세를 감수하고 오픈하는 경우가 늘고 있다.

　그렇다고 무조건 저렴한 곳만을 찾아 들어가면 오히려 더 큰 손해를 볼 수 있다. 코인 세탁소의 경우, 입지의 중요도가 90% 이상이라고 봐도 과언이 아니다. 어차피 대부분의 세탁소는 기계 구성이나 시설 수준이 비슷하기 때문에, 어떤 상권에 들어가느냐가 매출의 거의 전부를 결정한다. 사장이 아무리 열심히 한다 해도 할 수 있는 일은 바닥 청소, 기계 관리 정도밖에 없다. 이 노력들이 매출에 끼치는 영향은 극히 제한적이다 그래서 무인세탁소 입지는 다른 업종보다 훨씬 더 정확하게 분석하고 선택해야 한다.

　가장 좋은 입지는 아파트보다 원룸이 밀집된 지역이다. 오피스텔보다도 원룸 밀집 지역이 더 유리하고, 복잡한 메인 상권보다는 조용하고 주거 밀집도가 높은 골목 상권이 더 적합하다. 아파트 상권을 선택할 경우에는 몇 가지 조건이 필요하다. 먼저 배후 세대 수가 1,500세대 이상은 되어야 한다. 또한 젊은 층이나 학교, 학원 등이 인근에 있는지를 확인해야 한다.

반면 신축 아파트 상권은 피하는 것이 좋다. 아파트 연식이 20년 이상 된 곳일수록 세탁기 설비가 낡았거나 부족해 세탁소 이용률이 높은 편이다. 한편 입주민의 연령대 역시 중요한 변수다. 나이가 많을수록 가정 내 세탁기를 선호해 코인 세탁소 이용 빈도가 낮아지고, 젊은 층이 많은 지역일수록 세탁소 수요가 뚜렷하게 나타난다. 따라서 창업 전에는 아파트 연식과 입주민 연령대를 각각 분리해서 반드시 체크해야 한다.

또 하나 중요한 요소는 주차 가능 여부다. 가게 앞이나 근처에 2대 이상 주차할 수 있는 공간이 확보되어 있다면, 대형 빨래를 처리하려는 고객의 접근성이 높아진다. 차를 타고 와서 대형 빨래를 처리하고 가는 고객은 재방문율이 높고, 단골이 될 확률도 높기 때문이다. 오히려 가게가 대로변이나 눈에 잘 띄는 곳에 위치하는 것은 추천하지 않는다. 이유는 간단하다. 고객들은 빨래를 '조용히', '남 눈에 띄지 않게' 하기 원한다. 홍보 효과를 기대하며 대로변에 자리를 잡는 순간, 높은 월세를 감당하면서도 이용률은 낮아지는 아이러니한 상황이 벌어질 수 있다.

또한 무인세탁소는 매장 평수도 중요하다. 최소 15평 이상은 확보돼야 손님들이 쾌적하게 세탁하고 기다릴 수 있다. 10평 이하의 소형 매장은 기계 배치와 고객 동선이 불편해지고, 환기나 청결 관리에서도 한계가 있어 고객 만족도를 떨어뜨릴 수 있다. 월세를 100만 원으로 설정하면, 400만 원 - 100만 원 = 300만 원이다.

이제 가스료, 전기료, 수도료를 차감해야 한다. 코인 세탁소는 건조기 가동이 많아 도시가스 사용량이 매우 높고, 전기와 수도 역시 꾸준히 사용된다. 보통 매출 기준으로 비중을 보면 다음과 같다.

가스료	10% → 약 40만 원
전기료	5% → 약 20만 원
수도료	5% → 약 20만 원
총합	80만 원

그럼 300만 원 - 80만 원 = 220만 원이다. 여기에 소모품 비용을 차감해야 한다. 세제, 섬유유연제, 바운스(드라이 시트) 등의 비용은 매출 400만 원 기준으로 월 20만 원 내외다. 220만 원 - 20만 원 = 200만 원이 되었다. 여기서 많은 창업자가 간과하는 게 바로 감가상각비다. 세탁소 기계는 수명이 다할 때까지 쓰거나 중고로 권리금을 받고 넘기면서 투자금을 회수하게 된다. 그런데 이 기계 가격을 비용으로 따지지 않으면 겉으로 보이는 순이익은 허상에 불과하게 된다. 기계 매입가를 7,000만 원으로 잡고, 내용 연수 10년, 잔존가

치 0원, 정액법 기준으로 감가상각하면 다음과 같다.

연간 감가상각비	700만 원
월 환산 시	약 58만 원

그러니 200만 원 - 58만 원 = 142만 원이 된다. 이제 여기에 소소한 고정비를 더 차감한다.

인터넷, TV	2만 원
CCTV	2만 원
화재보험료	5만 원
총합	**9만 원**

이제 142만 원 - 9만 원 = 133만 원이 되었다. 즉, 월매출 400만 원 기준으로 계산한 실제 순수익은 약 133만 원 수준이다. 물론 월 600만 원 이상 매출이 나오는 매장은 그만큼 수익도 커지지만, 반대로 입지를 잘못 잡거나 고정비가 높아지면 수익은 크게 줄어들 수 있다. 그리고 많은 분이 '무인'이라는 단어에 오해를 갖고 시작하지만 코인 세탁소 역시 매일 일정 수준의 관리가 필요한 업종이다. 하루 1~2회 매장 점검과 청소는 필수며, 손님이 많을수록 청결 유지의 중요성도 커진다. 기계 고장, 소모품 부족, 사용 문의 등 생각

보다 많은 고객 응대도 사장이 직접 챙겨야 한다. 또한 입지 선정도 단순히 유동 인구나 노출만 볼 것이 아니라, 주변 원룸·아파트 밀집도, 예상 고객층의 연령대, 주차 가능 여부, 향후 경쟁 매장 유입 가능성 등을 종합적으로 판단해야 한다. 코인 세탁소는 자동화 업종이지만 자동 수익은 아니다. 매출의 크기보다 입지와 고정비가 수익을 결정하는 구조이기 때문에, 창업 전 철저한 시뮬레이션과 상권 분석이 반드시 선행되어야 한다.

일 매출 13만 원 코인 세탁소 월 예상 순수익

항목	금액(만 원)
월매출	400
월세	-100
가스료	-40
전기료	-20
수도료	-20
세제 및 소모품	-20
감가상각비	-58
최종 순수익	142

2억 이상 창업
PC방

    PC방은 요즘 소자본 창업이 어려운 대표적인 시설업 중 하나다. 최근 창업 트렌드는 대부분 100대 이상의 좌석을 갖춘 대형 매장이 기본이기 때문에, 개인 점포 기준으로는 약 3억 원, 프랜차이즈 브랜드를 붙이면 최대 4억 원까지 들어가는 경우도 많다. 즉 1~2억 규모의 소자본으로는 진입이 거의 불가능한 업종이며, 신규 창업보다는 기존 점포를 양도받는 방식으로 거래되는 케이스도 많다. 초기 비용이 크고, 고정비와 감가상각 부담도 높기 때문에 다른 업종보다도 창업 전에 예상 순수익을 정확히 시뮬레이션해두는 것이 절대적으로 중요하다.

    전국 PC방 평균 매출을 확인하는 가장 확실한 방법은 '게임트릭스'라는 통계 사이트를 참고하는 것이다. 이곳에서는 PC방의 평균 보유 좌석 수, 가동률, 사용 시간 등을 정기적으로 집계해서 제공하고 있는데, 2024년 1월 1일부터 8월 11일까지 데이터를 기준으로 보면 전국 PC방의 평균 보유 대수는 약 100대, 평균 가동률은 19.25% 수준으로 나타난다. 이는 하루 24시간 기준으로 좌석의 약 20% 정도만 사용된다는 의미이며, 흔히 프랜차이즈 본사나 홍보 자료에서 이야기하는 '가동률 40% 이상' 매장은 실제로 전체의 4.41%에 불과하다. 100개 매장 중 5개도 안 되는 수준이기 때문에, 지나치게 낙관적인 수치를 기준으로 손익을 판단하는 건 매우 위험하다.

매출 구조도 변화하고 있다. 예전에는 주로 PC 이용 요금만으로 수익을 냈지만, 전기료와 물가 상승에도 불구하고 요금 단가는 거의 오르지 않았기 때문에 이제는 음식 매출이 전체 수익에서 차지하는 비중이 점점 커지고 있는 상황이다. 아직도 시간당 요금을 1,000원으로 유지하는 곳들이 많기 때문에, 매장 입장에서는 어떻게든 추가 수익원을 확보해야만 손익을 맞출 수 있고, 그 대안으로 선택된 것이 바로 '조리식 음식 판매'다. 요즘 PC방에 가보면 컵라면이나 과자만 파는 수준을 넘어서 웬만한 분식점이나 푸드 코트처럼 주방 설비를 갖춘 곳들이 많고, 실제로 고기를 진열해 판매하는 '정육 식당형 PC방'도 등장할 만큼 음식 부문에 대한 비중이 매우 커졌다. 현재 많은 매장이 PC 요금 대 음식 매출을 6:4 정도 비율로 운영하고 있으며, 향후 이 비중이 바뀔 수도 있다.

그럼 앞서 구한 가동률을 바탕으로 2024년 1월 1일부터 8월 11일까지 전국 평균 PC방의 예상 매출을 계산해보자. 우선 PC방 이용 요금은 시간당 1,200원으로 가정하고, 매출 비중은 요금 60%, 음식 매출 40%로 설정했다. 평균 PC 대수는 100대, 가동률은 20%, 하루 24시간 운영, 한 달은 평균 30.4일로 계산하면 100대 × 20%(0.2) × 1,200원 × 24시간 × 30.4일 = 약 1,751만 원 정도가 PC방 이용 요금에서 발생한다. 이 매출이 전체의 60%라고 가정하면 역산해 음식 매출은 1,751만 원 ÷ 0.6 × 0.4 = 약 1,167만 원 정도로 계산된다. 결국 월 총매출은 약 2,918만 원, 이를 다시 30.4일로 나누면 하루 평균 매출은 약 96만 원으로, 전국 평균치 기준으로도 일 매출 100만 원에 가까운 수치가 나온다. 예전에는 저매출 매장들이 전체 평균을 크게 깎아내렸지만, 최근에는 최소 100대 이상의 규모로 새롭게 창업하는 매장들이 늘어나면서 전체 평균 매출 자체가 어느 정도 유지되고 있는 흐름이다.

　이제 이 평균 매출을 기준으로 실제 순수익을 계산해보자. 앞서 계산한 월 총 매출 2,918만 원을 기준으로, 먼저 매출을 PC방 이용 요금과 음식 매출로 나눈 뒤 각각의 마진율을 따로 적용해야 한다. 먼저 PC방 이용 요금 쪽은 겉으로 보기에는 컴퓨터만 깔려 있으면 운영비가 거의 안 들 것 같지만, 실제로는 '유료 게임비'라는 중요한 비용이 있다. 예를 들어 손님이 리그 오브 레전드나 피파, 서든, 던파, 스타크래프트 같은 게임을 실행하면 그 요금 중 일정 비율이 게임사로 빠져나간다. 라이엇, 넥슨, 엔씨, 블리자드, 스마일게이트 등 주요 게임사들이 모두 유료 요금 정책을 갖고 있기 때문에, 전체 PC방 이용 요금 중 약 15~20% 정도가 유료 게임비로 나간다고 보면 된다. 가령 시간당 요금이 1,200원인 경우, 그중 200~250원이 게임사 몫으로 빠지는 구조다. 다만 이 유료 게임비를 손님에게 전가하는 방식은 매장마다 다르다. 어떤 곳은 아예 요금을 높이고 유료 게임비를 차감하지 않고, 어떤 곳은 기존 요금에서 유료 게임비를 매장에서 부담하는 방식으로 운영한다. 이건 사장의 전략에 따라 달라지며, 어떤 방식이 더 낫다고 단정하기는 어렵다. 이번 계산에서는 1,200원 요금 중 유료 게임비를 매장에서 부담하는 기준, 즉 PC방 이용 요금의 20%를 유료 게임비로 차감하는 구조로 가정하겠다. 그렇다면 PC 매출의 마진율은 약 80%로 보면 된다.

 PC 매출과 음식 매출의 비중을 6:4로 가정하고, PC 매출 마진율을 80%로 적용하면 순수익은 다음과 같이 계산할 수 있다. 일 매출 96만 원 × 30.4일 × 0.6 × 0.8 = 약 1,400만 원 정도가 PC 매출 순수익이다. 음식 매출의 경우에는 매장마다 단순 냉동식품을 데워서 판매하는 곳도 있고, 화구를 이용해 직접 밥을 짓고 요리를 하는 곳도 있는데, 최근 신규 매장일수록 먹거리의 중요성이 강조되면서 직접 조리 방식이 점점 많아지는 추세다. 컵라면이나 냉동 피자보다 밥과 국을 직접 해서 내놓는 경우 마진율도 올라가고, 손님의 체류 시간과 재방문율에도 긍정적인 영향을 주기 때문이다. 음식 마진율은 제품별로 편차가 크긴 하지만, 컵라면은 80%, 음료(일명 뚱캔)는

65~70%, 밥 종류는 60% 내외로 형성되어 있어서 평균적으로 보면 약 65% 정도로 잡으면 된다. 따라서 음식 매출 순수익은 96만 원 × 30.4일 × 0.4 × 0.65 = 약 758만 원 수준이고, 이를 PC 매출과 합산하면 1,400만 원 + 758만 원 = 약 2,160만 원의 월 순 매출이 나온다.

  이제 각종 고정비를 차감해야 실제 순수익이 계산된다. 가장 먼저 들어가는 항목이 바로 전용선 비용이다. 일반 가정집과 달리 PC방은 수십 대의 컴퓨터가 동시에 데이터를 주고받기 때문에 안정적인 네트워크 품질 확보가 중요하고, 이 때문에 전용 인터넷 회선을 사용한다. 예전에는 SK, KT, LG 등 세 곳에서 전용선을 제공했지만, 현재는 SK가 시장에서 철수한 상태라 KT와 LG 두 곳만 이용 가능하다. 전용선 요금은 꽤 비싸지만 3년 약정을 맺을 경우 최소 600만 원에서 최대 900만 원까지 창업 지원금을 받을 수 있다. 이를 월 기준으로 환산하면 600만 원 ÷ 36개월 = 약 17만 원 수준이고, 전용선 기본 요금이 100대 기준 월 81만 원인 점을 고려하면, 실질 체감 요금은 약 64만 원 정도로 계산된다. 따라서 이 비용을 차감하면 2,160만 원 - 64만 원 = 2,096만 원 정도가 남는다.

  앞서 구한 2,096만 원의 수익에서 이제 월세를 차감해야 한다. PC 100대를 기준으로 평균적으로 80평에서 90평 정도의 공간이 필요하며, 매장이 지하냐 2층이냐에 따라 임대료는 크게 달라진다. 보통은 지하가 가장 저렴하고, 층수가 올라갈수록 임대료는 낮아지는 구조다. 업계에서는 월매출의 10% 이하 수준의 임대료면 적정하다고 보기 때문에 이번 계산에서는 월세를 300만 원으로 가정한다. 그럼 2,096 - 300 = 1,796만 원이 남는다.

이제 가장 비중이 큰 인건비를 차감해야 한다. 대부분의 PC방은 24시간 운영되며, 100대 기준으로는 바쁜 시간에 약간 벅차기는 해도 상시 1인 운영이 가능하다. 상시 1인 인건비를 계산해보면, 2025년 최저시급 기준 주휴수당 포함 시간당 12,048원 × 24시간 × 30.4일 = 약 879만 원이다. 여기서 점주가 근무하는 시간만큼은 직접 차감해줘야 한다. 예를 들어 사장이 주 5일을 오전 9시부터 오후 6시까지 한 달 20일 일한다고 가정하면 9시간 × 20일 × 12,048원 = 약 216만 원이 되고, 이를 제외한 실제 인건비는 약 663만 원이 된다. 다만 PC방에서 상시 5인 이상 근무 시에는 밤 10시부터 오전 6시까지 야간근로수당 50%를 별도로 지급해야 하기 때문에 실제 인건비는 이보다 더 올라갈 수 있다. 여기서는 일단 기본 인건비만 차감하면 1,796 - 663 = 1,133만 원이다.

전기료는 최근 몇 년간 급등한 항목 중 하나다. 2023년에는 전년도와 동일한 사용량을 기준으로 전기료가 체감 25~30%가량 인상되었으며, 냉난방을 사용하는 여름·겨울철 기준 250만 원 이상, 봄·가을 평균은 200만 원 이하로 나타난다. 평균값으로 월 전기료를 200만 원, 수도료를 10만 원으로 가정하면 1,133 - 200 - 10 = 923만 원이 남는다.

PC방은 거의 대부분의 창업 비용이 컴퓨터라는 유형 자산에 집중되어 있기 때문에 감가상각비가 매우 크다. 최근 출시된 RTX 4080이나 4070 시리즈는 가격도 비싸고 과하게 고사양이라 실효성이 떨어지지만, 5년 전 출시된 RTX 2080 정도만 되어도 대부분의 인기 게임은 문제없이 구동이 가능하다. 그래서 예전처럼 3년마다 전체 업그레이드를 하는 방식은 이제는 거의 사라졌고, 보통은 5~8년을 기준으로 장기 교체 계획을 세우는 것이 일반적이다. 보수적으로 잡아도 대부분의 사장님은 매달 PC 1대당 1만 원씩 업그레이드 적립을 한다. 100대 기준 월 100만 원을 적립하면 923 - 100 = 823만 원이다.

여기에 카드 수수료와 기타 관리비를 차감해보자. 매출의 약 90%가 카드로 결제되고, 3억~5억 매출 구간의 수수료율 1.1%를 적용하면 카드 수수료는 29,184,000 × 0.9 × 1.1% = 약 26만 원이 나온다. 그 외 항목은 다음과 같다.

TV 시청료	7만 원
정수기	3만 원
피카·게토 등 관리 프로그램 사용료	5.5만 원
세무사 비용	8만 원
화재보험료	5만 원
기타 잡비	5만 원
총합	**59.5만 원**

그럼 823만 원 - 26만 원 - 7만 원 - 3만 원 - 5.5만 원 - 8만 원 - 5만 원 - 5만 원을 하면 월 최종 순수익은 약 764만 원이다. 다시 말하지만 PC방은 창업 비용이 크고, 그 대부분이 감가상각이 필요한 유형자산으로 구성되어 있다. 여기에 5~8년마다 대규모 PC 업그레이드 비용까지 감안하면, 월 순수익이 단순히 '많이 남는다'고 보기에는 무리가 있다. 예를 들어 총 투자금 3억 원을 기준으로 할 경우, 현재 수준의 순수익이라면 원금 회수에는 약 38개월, 즉 3년 이상이 소요된다. 여기에 중간에 장비 교체나 예상치 못한 수리비, 이벤트성 리뉴얼까지 더해지면 회수 기간은 더 길어질 수도 있다. 특히 PC방은 동종 업종 간 경쟁이 매우 치열하고, 가까운 거리에 신규 매장이 생기면 요금 출혈 경쟁이 벌어지는 경우도 흔하다. 따라서 입지 선정은 물론이고, 기존 상권 내 경쟁 가능성까지 사전에 충분히 분석한 뒤에 진입 여부를 결정해야 한다.

일 매출 96만 원 PC방 월 예상 순수익

구분	금액(만 원)
월 총 매출	2,918
PC 매출 순이익	1,401
음식 매출 순이익	759
합산 이익	2,160
전용선 요금	-64
임대료	-300
인건비	-663
전기료	-200
수도료	-10
PC 업그레이드 적립비	-100
카드 수수료	-26
TV 비용	-7
정수기	-3
피카, 게토 관리비	-6
세무사	-8
화재보험료	-5
기타 잡비	-5
최종 순수익	**764**

2억 이상 창업
스터디카페

　스터디카페도 초기 투자 비용이 큰 대표적 시설업 업종 중 하나다. 현재 프랜차이즈 기준 전국 지점 수 1위인 '작심 스터디카페'의 공정거래위원회 정보공개서에 따르면, 점포 면적 70평 기준으로 가맹비 550만 원, 교육비 550만 원을 포함해 인테리어, 간판, 초도 물품, 키오스크 등 모든 기본 설치 비용이 약 1억 8,810만 원 정도 소요된다. 하지만 여기에 포함되지 않은 별도 비용들도 적지 않다. 철거, 소방 설비, 전기 증설, 화장실 공사 등은 대부분 별도로 진행되며, 평수가 큰 만큼 이러한 공사 비용만 해도 최소 2,000만 원 이상이 추가된다. 여기에 임대차 보증금을 5,000만 원으로 가정하면 총 투자금은 1,100만 원(가맹비·교육비) + 1억 8,800만 원(시설) + 2,000만 원(별도 공사) + 5,000만 원(보증금)으로 약 2억 6,900만 원, 즉 2억 7천만 원 수준의 초기 투자금이 필요하다. 이는 최저 수준으로 잡은 수치이며, 점포 위치, 인테리어 옵션, 가구 퀄리티 등에 따라 최종 비용은 3억 원 이상으로 올라갈 수 있다.

스터디카페의 실제 한 달 수익을 계산할 때는 일반 매장처럼 일매출을 기준으로 하기보다는 월 매출 기준으로 계산하는 게 훨씬 더 정확하다. 이유는 단순하다. 스터디카페는 대부분 정기권이나 시간권을 미리 끊고 이용하는 방식이기 때문에, 하루 매출로는 고객 흐름을 제대로 반영할 수 없기 때문이다.

공정거래위원회 가맹 사업 거래 사이트에 따르면, 작심 스터디카페의 2023년 연평균 매출은 약 9,030만 원이다. 이를 12개월로 나누면 월평균 매출은 약 752만 원 정도다. 그렇다면 이 정도 매출을 기준으로 운영할 경우, 스터디카페 사장이 가져갈 수 있는 실제 순수익은 얼마나 될까?

계산의 기준이 될 매장은 70평 규모, 좌석 수는 약 70~80석, 1인실과 소규모 스터디룸이 혼합된 형태로 가정하고, 매출 752만 원을 기반으로 순수익을 추산해보자. 스터디카페는 음식 판매나 원재료 소비가 없기 때문에 재료비가 거의 들지 않으며, 매출에서 고정비와 변동비만 차감하면 바로 순수익이 나온다. 가장 많이 팔리는 정기권은 보통 11~12만 원 선이고, 일부 저가형은 10만 원 이하이기도 하다. 여기에 시간권, 금액권, 스터디룸 대여 등 다양한 상품이 더해져 전체 매출이 구성된다. 이처럼 스터디카페는 '매출이 곧 마진'

구조에 가깝기 때문에 이후 이어지는 고정비 항목들만 정확히 파악하면 순수익을 추산하는 데 큰 어려움은 없다.

먼저 월세부터 차감해보자. 스터디카페는 70평 기준으로 봤을 때 월세가 정말 저렴하게 나와도 최소 250만 원 이상, 입지가 좋은 상권에서는 400만 원을 넘는 경우도 많다. 그만큼 입지의 영향이 큰 업종이기 때문에 주변에 학원이나 학교가 많고 학생 수요가 풍부한지, 경쟁 스터디카페가 얼마나 밀집해 있는지 등은 반드시 사전에 확인해야 한다. 이번 계산에서는 평균 수준으로 월세를 300만 원으로 가정하겠다. 그렇다면 월 매출 752만 원에서 월세 300만 원을 차감하면 452만 원이 남는다.

다음은 전기료다. 스터디카페는 구조적으로 전기료를 절약하기 어려운 업종이다. 여름철 에어컨은 24시간 풀 가동해야 하고, 실제로는 손님이 춥다고 담요를 덮고 공부하는 수준이 돼야 만족도가 높다. 거기에 최근 몇 년간 지속된 전기료 인상도 부담을 더하고 있다. 특히 70평 규모의 매장은 계약 전력이 최소 15kWh 이상 필요하며, 냉난방과 조명이 동시에 운영되기 때문에 월평균 전기료는 약 100만 원 수준으로 예상된다. 이를 반영하면 452만 원 - 100만 원 = 352만 원이다.

다음은 인건비다. 스터디카페는 무인 시스템을 표방하긴 하지만, 실제 운영 시에는 다양한 인력이 부분적으로 필요하다. 보통 인력은 총무, 청소, 주말 청소 세 가지로 나뉘는데, 이 중 총무는 회원 중에서 지원자를 받아 좌석을 무료로 제공하고 소정의 월급(25~30만 원)을 지급하는 방식으로 운영되는 경우가 많다. 특히 장기 수험생들이 용돈 벌이 겸 자발적으로 총무를 맡는 일이 많지만, 이 방식은 법적 리스크가 상당히 크다. 근로계약서를 작성하지 않고 급여를 지급할 경우 나중에 고용노동부 민원이 발생하면 무조건 최저임금 기준으로 소급 정산해야 하며, 주휴수당, 퇴직금까지도 부담해야 할 수 있다. 따라서 개인적으로는 총무도 정식 근로계약을 맺고 최저시급 이상을 지급하는 것이 바람직하다고 본다.

청소 인력의 경우에는 당근마켓 등을 통해 근처 거주자를 채용하는 방식이 보편적이다. 하루 1시간, 월 50만 원 수준으로 고정급을 주거나 시급 12,000원 전후로 조건을 맞춰 운영하는 경우가 많다. 스터디카페 특성상 총무에게 모든 청소를 맡기면 오래 버티지 못하는 경우가 많기 때문에, 실제로는 사장이 하루 1~2회는 매장에 나가 비품 채우기, 커피 찌꺼기 정리, 쓰레기 배출 등 기본적인 유지관리를 해야 원활하게 돌아가는 구조다. 이번 시뮬레이션에서는 총무 인건비 30만 원, 청소 인건비 50만 원으로 잡아 총 인건비 80만 원을 반영하겠다. 그럼 352만 원 - 80만 원 = 272만 원이 남는다.

여기서 간식비와 비품비를 추가로 차감해줘야 한다. 스터디카페의 간식은 단순히 사탕이나 티백 몇 개만 제공하는 수준이 아니다. 기본적으로 캔디, 스낵, 차(티백류), 커피, 아이스티부터 시작해서 화장지, 핸드 타월, 손 세정제, 물비누, 비닐 봉투 등등 생각보다 제공

항목이 많고, 실제 운영해보면 간식비 항목의 덩치가 꽤 크다. 여기에 충전기, 담요, 저소음 마우스, 독서대처럼 기존에 구비했던 비품들이 고장나거나 도난 또는 파손으로 인해 교체가 필요한 경우도 종종 생긴다. 이런 비품 교체나 추가 구매 비용까지 감안해야 현실적인 순수익 계산이 가능하다. 매달 간식·비품비를 약 30만 원으로 잡고 차감하면, 272만 원 - 30만 원 = 242만 원이 남는다.

프랜차이즈 스터디카페인 경우에는 여기서 로열티 비용도 추가로 빠진다. 작심 스터디카페의 경우 매출의 5.5%를 로열티로 납부해야 하는 구조며 월매출 752만 원 × 5.5% = 약 41만 원이다. 이를 차감하면 242만 원 - 41만 원 = 201만 원이 된다.

이제는 각종 렌탈 및 유지관리 비용을 더 차감해야 한다. 최근 스터디카페는 얼음 정수기를 기본으로 도입하는 경우가 많은데, 월 렌탈비는 약 6만 원 수준이다. 또 필수 항목 중 하나인 프린터 복합기 렌탈 비용도 월 5.5만 원 정도다. 두 항목을 합산하면 6만 원 + 5.5만 원 = 11.5만 원, 201만 원 - 11.5만 원 = 189.5만 원이 남는다.

여기에 기타 유지비 항목들도 빠진다. 키오스크 관리비 5.5만 원, 인터넷·전화 요금 5만 원, 카드 결제 수수료 10만 원, 화재보험료 5만 원, 세무사 비용 8만 원을 합산하면 총 33.5만 원이고, 189.5만 원 - 33.5만 원 = 최종 예상 순수익은 약 156만 원 수준이다

이처럼 현실적인 운영비를 모두 반영하고 나면 월 순수익 156만 원이라는 충격적인 결과가 나온다. 그만큼 현재 스터디카페 업계의

상황은 결코 녹록지 않으며, 기대 수익에 비해 투자금이 과도하게 큰 구조일 수 있다는 점을 반드시 인지해야 한다. 스터디카페는 매출 자체가 높지 않은 업종인 만큼 수익을 늘리는 유일한 방법은 고정비를 얼마나 줄일 수 있느냐에 달려 있다. 따라서 창업 시에는 단순히 유동 인구만 볼 것이 아니라 월세가 낮고 관리비 부담이 적은 구조의 상가인지, 기존 집기나 시스템이 남아 있는 양수 매물인지 등을 종합적으로 따져서 진입 여부를 결정해야 한다.

결국 스터디카페는 '무인으로 굴러간다'는 인식과 달리, 관리의 손이 계속 필요하고, 수익 구조 역시 예상보다 빠듯한 편이다. 특히 초기 투자금은 2억 후반에서 3억 가까이 들어가는 반면, 순수익은 월 150만 원 수준에 그칠 수도 있기 때문에, 단순히 트렌드나 브랜드 인지도만 보고 뛰어들기에는 리스크가 큰 업종이다. 가장 중요한 것은 매출이 아니라 월세와 고정비를 얼마나 낮출 수 있느냐는 점이다. 이 구조를 이해하지 못하면 무인 시스템 뒤에 숨은 '유지비 지옥'에서 벗어나기 어렵다.

일 매출 24만 원 스터디카페 월 예상 순수익

항목	금액(만 원)
월 매출	752
임대료	-300
전기료	-100
인건비	-80
간식 및 비품비	-30
로열티(5.5%)	-41
렌탈 비용(정수기, 복합기)	-12
키오스크 관리비	-6
인터넷, 전화	-5
카드 수수료	-10
화재보험료	-5
세무사	-8
최종 순수익	**156**

2억 이상 창업
키즈카페

최근 키즈카페 업계는 구조적인 위기에 직면해 있다. 창업 당시 수억 원을 투자했던 매장조차 무권리 매물로 나오는 사례가 속출하고 있으며, 자영업 커뮤니티나 중고 매물 사이트에는 수십, 수백 개의 키즈카페 매물이 쌓여 있는 실정이다. 필자 또한 1~2주에 한 번 아이와 함께 방문하던 단골 키즈카페들이 하나둘 문을 닫는 것을 직접 체감하고 있다. 심지어 1,600평이 넘는 대형 매장에 주말 낮 시간에도 직원 외에는 손님이 거의 없는 경우도 있었다. 한때 '아이들만 잘 놀 수 있게 하면 무조건 된다'는 말이 통하던 업종이었지만 지금은 그 공식이 더 이상 통하지 않는다. 키즈카페 폐업이 급증하는 데에는 몇 가지 구조적인 이유가 있다.

첫째, 출산율 붕괴로 수요 기반이 사라진 업종이라는 점이다. 가장 근본적인 원인은 수요의 급감이다. 2023년 우리나라 합계출산율은 0.72명, 4분기에는 0.68명까지 떨어지며 세계 최저 수준을 기록했다. 일시적으로 반등하더라도 이미 장기적인 하락 추세는 불가피하다. 이 수치는 산부인과·소아과는 물론 유아교육, 아동복, 키즈카페 등 아동 관련 업종 전반에 걸쳐 시장 자체가 축소되고 있음을 의미한다.

더 큰 문제는 단순한 숫자 감소에 그치지 않는다. 과거에는 두 자녀, 세 자녀 가정이 많아 한 번 방문하면 체류 시간도 길고, 식사까지 함께 해결하는 구조가 일반적이었다. 그러나 현재는 외동 자녀 가정이 대부분이며 비용에 민감한 부모들이 공공 키즈카페나 무료 시설로 이동하는 흐름이 뚜렷해지고 있다. "한 명인데 굳이 비싼 민간 시설을 이용해야 하나"라는 인식 변화가 시장 전반에 영향을 미치고 있는 것이다. 결국 기본 수요 자체가 무너진 상황에서 아무리 시설을 보완하고 마케팅을 강화하더라도 한계가 뚜렷한 업종이 되었다. 그런데 시장 규모가 줄어들었음에도 불구하고 경쟁은 여전히 치열하거나 오히려 더 강화되고 있는 형국이다.

둘째, 공공 키즈카페 확산과 대형화 트렌드도 살펴야 한다. 공공 키즈카페의 확산은 민간 키즈카페 입장에서 뼈아픈 현실이다. 서울시의 경우 서울형 키즈카페를 200개 이상 확대할 계획을 발표했고, 타 지자체도 유사한 정책을 추진하고 있다. 이용 요금은 아동 2시간에 2,000원, 보호자는 1,000원 수준이며 일부 시설은 아이돌봄 서비스까지 제공하고 있다. 시설도 신식 장비와 청결한 환경, 전문 인력이 상주하는 등 민간 못지않은 품질을 갖추고 있어, 소비자 입장에서는 굳이 돈을 더 주고 민간 키즈카페를 이용할 이유가 줄어들고 있다.

또한 시장은 빠르게 대형화되고 있다. 과거에는 60~80평 규모의 동네 키즈카페가 주를 이뤘다면 최근에는 300평 이상 대형 키즈파크가 체인 형태로 확산되고 있다. 놀이 기구 외에도 브런치 카페, 레스토랑, 체험 콘텐츠, 포토 존 등 복합 문화공간으로 진화하고 있으며, 소비자들은 더 높은 비용을 감수하더라도 넓고 다양한 콘텐츠를 제공하는 공간을 선호하는 경향이 강해지고 있다.

여기에 최근 무인 키즈카페까지 빠르게 늘어나고 있다는 점도 민간 업계에는 또 하나의 도전이다. 인건비 부담을 줄이고 상주 인력 없이 운영이 가능하다는 점에서 진입 장벽이 낮아지자, 창업자들의 진입이 가속화되고 있다. 결국 키즈카페 시장은 공공화, 대형화, 무인화라는 세 갈래 흐름으로 빠르게 재편되고 있으며, 기존의 전통적인 동네 키즈카페는 어느 흐름에도 끼지 못한 채 시장의 외곽으로 밀려나고 있다.

셋째, 키즈카페에는 매몰 비용의 덫이 있다. 시작도 어렵지만 접기도 어렵다는 뜻이다. 업종 특성상 안전 매트, 미끄럼틀, 항균 놀이기구, 공기청정기, CCTV, 키즈 전용 가구 등 시설 비용이 수억 원에 달한다. 그러나 폐업 시에는 건물주의 요구에 따라 콘크리트 바닥 재시공, 유리 파티션 해체, 천장 철거 등 고비용의 원상 복구 작업이 필요하다. 일반 음식점이나 카페에 비해 공사 범위가 넓고 복구 비용도 높기 때문에 장사가 안 돼도 쉽게 문을 닫을 수 없는 구조가 되어버린다. 결국 창업 시 수억 원을 투자한 사업자가 폐업할 때는 무권리로라도 매장을 넘기지 못해 발이 묶이는 상황이 벌어진다. 그러니 이 업종의 가장 큰 리스크는 잘 안 될 경우 '간단히 접는' 선택이 사실상 불가능하다는 점이다.

이처럼 키즈카페는 수요가 무너지고, 경쟁은 공공화·대형화·무인화로 급속히 전환되는 가운데, 폐업조차 쉽지 않은 매몰 비용 구조까지 겹친 고위험 업종이다. 그렇다면 이런 구조적 위기 속에서도 여전히 운영 중인 키즈카페들은 과연 얼마나 벌고 있을까? 현재 운영 중인 70평 규모의 일반적인 민간 키즈카페를 기준으로 손익을 시뮬레이션해보자.

키즈카페는 구조적으로 주말 매출 비중이 매우 높다. 평일에는 손님이 거의 없어 매출이 주말의 10분의 1 수준에 그치며, 일부 매장은 아예 평일 휴무를 택하기도 한다. 우선 매출부터 계산해보자.

주말 매출	평당 2만 원×70평×8일(4주 기준) = 약 1,120만 원
평일 매출	주말의 10% 수준으로 약 112만 원

그럼 총 매출은 약 1,232만 원 수준으로 추정된다. 이제 주요 비

용을 하나씩 차감해보면 다음과 같다. 우선 월세는 입지에 따라 다르지만 70평 규모라면 수도권 기준 월세는 보통 300만 원 이상이다. 여기서는 350만 원으로 가정한다. 그럼 1,232 - 350 = 882만 원이다.

이번에는 인건비. 식음료 판매를 병행하는 키즈카페는 혼자 운영이 불가능하다. 특히 주말과 피크 타임에는 아르바이트 인력 투입이 필수다. 월 매출의 약 20%로 계산 시 약 246만 원이므로 882 - 246 = 636만 원이 된다.

재료비도 있다. 입장료가 매출의 75%, 음식·음료가 25%라고 가정하고, 음식·음료에만 원가율 25%를 적용할 경우 1,232 × 0.25 × 0.25 = 약 77만 원이 된다. 그럼 636 - 77 = 559만 원까지 떨어진다. 여기에서 공과금도 차감해보자. 전기료는 평당 1만 원 × 70평 = 70만 원, 수도료 약 10만 원으로 가정하여 총 80만 원을 차감하겠다. 이제 559 - 80 = 479만 원이 되었다. 여기에 기타 고정비는 다음과 같다.

놀이 용품·볼풀공 교체 등 소모품	10만 원
주차비	30만 원
CCTV 및 보안 서비스	5만 원
인터넷	3만 원
화재보험료	10만 원
기타 잡비	10만 원
총합	**68만 원**

그러니 479만 원 - 68만 원을 계산하면 월 순수익은 약 411만 원으로 나온다. 여기에는 부가가치세, 종합소득세, 건강보험료 등은 포함되지 않았으며 이들을 차감하면 실질 수익은 더 줄어든다. 겉으로 보기에는 월 순수익 400만 원대라는 숫자가 나쁘지 않아 보일 수도 있다. 하지만 실상을 들여다보면 이야기가 달라진다. 초기 투자금이 수억 원에 달하고 월세·인건비 같은 고정비도 상당하다. 여기에 폐업 시 수천만 원이 들어가는 원상 복구 공사까지 고려하면, 단순히 월 수익만 보고 판단하기엔 너무 위험한 구조다. 게다가 이러한 고정비는 매출이 줄더라도 줄어들지 않는 항목이라는 점을 꼭 기억해야 한다. 즉, 수요가 감소하고 경쟁이 심화되는 상황에서는 오히려 더 큰 리스크가 되는 셈이다.

결국 키즈카페는 더 이상 '아이만 있으면 되는 장사'가 아니다. 출산율 하락으로 인해 수요 기반 자체가 흔들리고 있고, 시장은 공공형 키즈카페의 확대, 대형화된 키즈파크의 등장, 무인 시스템의 확산 등으로 급속히 재편되고 있다. 이 변화 속에서 기존 민간 키즈카페가 살아남기 위해서는 단순한 인테리어나 장비 업그레이드로는 부족하다. 이제는 시장의 구조를 먼저 이해하고 수익이 아닌 리스크를 먼저 계산할 줄 아는 창업자만이 살아남을 수 있다.

일 매출 40만 원 키즈카페 월 예상 순수익

항목	금액(만 원)
월 매출	1,232
임대료	-350
인건비	-246
재료비	-77
전기료	-70
수도료	-10
놀이 용품·볼풀공 교체	-10
주차비	-30
CCTV, 보안	-5
인터넷	-3
화재보험료	-10
기타 잡비	-10
최종 순수익	**411**

3부

장사는
결국 위치

자리 이기는
장사 없다

 장사에서 자리가 중요하다는 말은 누구나 한 번쯤 들어봤을 것이다. 하지만 여기서 말하는 '자리'는 단순히 유동 인구가 많은 곳에 매장을 낸다는 의미가 아니다. 입지란 곧 수요와의 접점이며, 유동 인구는 물론 접근성, 경쟁 환경, 배후 인구, 향후 상권의 성장 가능성까지 모두 포함하는 종합적인 개념이다.
 실제로 지난 10년간 장사를 하며 수많은 매장을 관찰해본 결과, 소위 '대박'이 난 가게들은 대부분 자리가 성공의 절반 이상을 차지했다. 특히 편의점이나 카페처럼 유동 인구에 민감한 업종일수록 입지의 중요성은 더욱 커진다. 예를 들어 편의점의 경우 매출 성장 가능성의 80% 이상이 입지에 의해 결정된다고 해도 과언이 아니다. 상권의 변화가 없는 이상, 개인의 노력만으로 매출을 획기적으로 올

리는 데에는 분명한 한계가 존재하기 때문이다.

음식점이나 카페도 크게 다르지 않다. 2025년 현재 배달 중심의 매출이 다소 꺾이면서 다시금 오프라인 매장 위치의 중요성이 부각되고 있다. 실제로 2023년 11월 기준, 배민·쿠팡·요기요 등 배달앱 3사의 결제 추정 금액은 3년 만에 최저치를 기록하며 배달 특수는 끝나고 있다는 신호가 감지되고 있다. 팬데믹으로 반짝했던 배달 호황기가 지나고, 다시 오프라인 중심의 시대가 서서히 돌아오고 있는 상황이다.

이런 흐름 속에서 자본금이 부족하다는 이유로, 혹은 권리금이 저렴하거나 월세가 싸다는 이유만으로 입지를 선택하는 것은 매우 위험하다. 입지는 곧 매출의 한계치를 결정한다. 위치를 잘못 잡으면 아무리 열심히 장사해도 넘을 수 없는 벽에 부딪히게 된다.

그렇다고 무작정 월세가 비싼 곳만을 선택하라는 말은 아니다. 특히 신축 아파트 상가나 새로 지어진 건물의 상가는 겉보기에는 깔끔하고 좋아 보이지만, 실제로는 주변 시세보다 월세가 과도하게 높고 상권이 제대로 형성되지 않은 상태인 경우도 많다. 이런 곳을 섣불리 선택하면 고정비는 고정비대로 부담하면서도 매출이 안정되기까지 오랜 시간이 걸리는 리스크를 떠안게 된다.

실제로 경기도 안양동의 2022년 신축 아파트 상가의 경우, 10평 기준 분양가가 5억 원에 달해 월세만 250만 원 이상이었다. 요식업의 경우 매출 대비 월세 비중이 10~12% 이내면 안정적인 수준으로 본다. 물론 업종과 입지에 따라 차이는 있지만, 이 기준을 넘어가면 임대료가 수익 구조를 심각하게 압박하게 된다. 월세 250만 원을 감당하려면, 업종에 따라 월매출 최소 2,500만 원 이상이 나와야 한다는 계산이 나온다.

더 큰 문제는 상권 형성이 늦거나 미비한 경우에도 분양가가 높다 보니, 상가주는 매달 이자와 관리비를 충당하기 위해 높은 월세를 받을 수밖에 없다는 점이다. 실제로 신축 상가들은 초기에는 높은 월세를 책정하지만 상권 형성이 더디지면 결국 이자 부담을 견디지 못해 시간이 지날수록 월세를 낮추는 경우가 많다. 따라서 창업 초기에는 신축 상가에 임차로 들어가는 것을 가급적 피하는 것이 좋다.

또한 입지를 평가할 때는 단순히 현재 매장의 위치만 볼 것이 아니라, 주변에 향후 경쟁 업종이 들어올 가능성까지 고려해야 한다. 양도양수로 매장을 인수할 때도, 현재 매출이 높다는 이유로 섣불리 계약하기보다는 양도자가 경쟁 점포 입점 소식을 미리 알고 있는 건 아닌지 반드시 확인해야 한다. 이는 부동산이나 양도자가 절대 먼저 알려주지 않는 정보며 직접 발품을 팔아 조사해야 할 부분이다.

경쟁점 분석도 같은 업종만 경계해서는 부족하다. 예를 들어 편의점의 경우, 같은 브랜드나 다른 브랜드의 편의점 외에도 아이스크림 할인점, SSM, 중소형 마트가 들어서도 매출에 큰 타격을 입는다.

편의점 업계는 자율규약으로 같은 브랜드의 인접 출점을 제한하고 있지만, 다른 업태는 규제를 피할 수 있기 때문이다.

대표적인 사례로, GS25 편의점 옆에 GS프레시 슈퍼마켓이 출점해 논란이 된 적이 있다. 이 두 곳은 삼각김밥, 도시락 등 유사한 상품을 판매하지만 규제 회피 구조를 이용해 사실상 자사 매장을 잠식한 셈이었다. 이런 예측하기 어려운 경쟁 요소까지 고려하지 않으면, 장기적으로 안정적인 운영이 어려울 수밖에 없다.

결국 운영 방식은 바꿀 수 있어도 입지는 바꿀 수 없다. 따라서 창업 초기에 입지를 선택하는 과정은 가장 전략적인 판단의 순간이 되어야 한다. 특히 업종별로 선호하는 상권의 특성이 다르기 때문에 이에 맞는 입지를 찾는 작업은 매우 중요하다.

예를 들어 스터디카페는 학원가나 학교 근처, 음식점은 주거지나 사무실 밀집 지역, 카페는 유동 인구와 접근성이 뛰어난 지역이 유리하다. 실제로 홍대의 한 개인 카페는 높은 임대료에도 불구하고, 특색 있는 메뉴와 풍부한 유동 인구 덕분에 10년 넘게 운영에 성공했다. 반면 접근성이 떨어지는 골목길 카페는 1년 만에 폐업한 사례도 있다. 최근 성수동 카페 거리의 급성장도 결국 입지의 힘과 매장의 특색이 결합한 결과였다. 장사는 결국 어디에서, 누구에게, 어떤 조건으로 팔 것인가의 싸움이며, 그 중심에는 늘 '자리'가 있다.

최근 인천 송도의 한 상가는 초기에 높은 분양가와 월세 탓에 고전을 면치 못했지만, 주변 대학 캠퍼스와 기업체의 입주가 본격화되면서 상권이 빠르게 형성되었고, 이후 임대료가 안정화되며 매출도 크게 증가했다. 반면 같은 시기에 개점한 인근의 다른 신축 상가들은 입주율이 낮고 유동 인구가 형성되지 않아 여전히 어려움을 겪고 있다.

부산 해운대의 한 수제 버거 가게 역시 장소의 힘을 체감한 사례다. 처음에는 해운대 뒷골목 2층에서 영업을 시작했지만, 유동 인구가 거의 없어 매출이 저조했고 결국 폐업 위기에 몰렸다. 그러나 이후 해운대 해수욕장 입구 쪽 1층 매장으로 자리를 옮기면서 같은 메뉴와 운영 방식에도 불구하고 매출이 3배 이상 급증했다. 점심시간에는 한산하던 매장이 평일 저녁과 주말 낮 시간대에 가족 단위 고객과 관광객으로 붐비기 시작한 것이다. 이처럼 동일한 아이템, 동일한 운영 방식이라도 입지에 따라 결과는 극적으로 달라질 수 있다.

이제는 발품만으로 판단할 수 없는 시대다. 입지 선정을 위한 '데이터 분석'은 더 이상 선택이 아니라 필수다. 예를 들어 신한카드 매출 데이터에서는 연령대별 소비 성향과 업종별 매출 흐름을, KT나 SKT의 유동 인구 데이터에서는 시간대별 체류 인구와 방문자 특성을 확인할 수 있다. 서울시 상권 분석 서비스, 통계청 상권 자료 등도 활용하면 인구 밀도, 직장인 밀집도, 주거 인구 비율까지 구체적으로 파악할 수 있다. 이러한 공공·민간 데이터는 입지 검증의 객관적인 근거가 되어준다.

결국 장사는 입지가 절반이다. 입지는 단순한 지도상의 위치가 아니다. 유동 인구, 배후 인구, 접근성, 경쟁 환경, 향후 발전 가능성까지 모두 포함한 '수요와의 접점'이다. 즉, 자리는 단순한 시작점이 아니라 장사의 생존력을 좌우하는 구조적 변수이며, 그 선택이 가게의 수명을 결정짓는다. '좋은 자리를 고르는 법'을 모르면 아무리 노력해도 수익으로 이어지지 않는다.

입지로 시작하고
운영으로 살아남는다

　많은 예비 창업자가 충분한 상권 분석 없이 창업을 결정한다. 프랜차이즈 본사 담당자의 말만 믿거나, 자신이 익숙한 지역이라는 이유만으로 막연히 잘될 것이라 판단하고 창업을 감행한다. 하지만 상권 분석의 진짜 목적은 단순한 분석 자체가 아니라, '돈이 되는 자리'를 찾는 데 있다.

　그럼에도 불구하고 상권 분석이라는 말이 주는 추상성과 복잡한 이론 탓에 초보 창업자에게는 부담스럽고 어려운 개념처럼 느껴질 수 있다. 유동 인구를 세고, 동종 업종 수를 확인하는 방식은 형식적인 분석일 뿐 실제 창업 판단에 큰 도움이 되지 않는 경우도 많다.

　경력 있는 자영업자는 주변 포스 매출, 매입 자료, 리뷰 등을 통해 실제 수요와 소비자 반응을 종합적으로 파악한다. 그러나 예비 창업자는 경험도, 축적된 데이터도 부족하다. 그렇다면 어떤 식으로 분석을 시작해야 할까?

초보 창업자가 할 수 있는 가장 현실적인 방법은 '자신의 자본과 역량에 맞는 매장이 해당 상권에서 얼마나 조화를 이룰 수 있을지' 판단하는 것이다. 창업을 고려하는 자리에 어떤 업종이 몰려 있는지, 그 가게들의 가격대와 운영 방식은 어떤지, 주요 방문객은 어떤 연령대인지 관찰하는 것부터 시작해야 한다. 예를 들어 와인바를 준비 중이라면, 20~30대 유입이 많은 상권인지, 저녁 시간대 체류 인구가 풍부한지부터 살펴야 한다.

이때 단순 유동 인구보다 중요한 건 체류 시간과 평균 객단가다. 어떤 상권은 발길은 많지만 소비가 적고, 어떤 상권은 방문은 적어도 소비 여력이 높다. 매장을 준비할 때 이런 소비 성향까지 분석해 보면, 메뉴 구성이나 마케팅 방향 설정에도 큰 도움이 된다.

이후에는 목표 매출을 설정하고, 손익분기점을 기준으로 운영 시뮬레이션을 짜야 한다. 예를 들어 자본금 1억 원에 월세 300만 원 수준이라면, 최소 얼마의 월 매출이 나와야 적자를 피할 수 있는지를 먼저 계산해야 한다. 초반에는 목표를 낮게 잡고, 영업하면서 데이터 기반으로 수정해 나가는 것이 현명하다. 하루 매출 목표를 30만 원으로 정했다면, 시간대별 매출 분포, 고객층 반응, 주력 메뉴의 기여도 등을 구체적으로 분석하고, 이를 바탕으로 점차 전략을 고도화해나가야 한다.

무엇보다 중요한 건 '초기 입지의 유입'만 바라보지 말고, 매장의 지속 가능성을 함께 고민하는 것이다. 입지가 좋아 반짝 장사를 하더라도, 일정 시간이 지나면 재방문 고객의 충성도가 매출을 결정짓는다. 초기에 몰린 손님들이 다시 오지 않는다면 매출은 금세 하락한다. 결국 장사는 입지로 시작하지만, 운영 전략으로 살아남는다. 처음 유입된 고객이 왜 다시 찾아오게 되는지, 그 이유를 관찰하고 분석하며, 그것을 구조적으로 매장에 반영할 수 있어야 한다. 장사는 단순히 손님을 모으는 게 아니라 '돌아오게 만드는 구조를 만드는 일이다.

매장 운영 분석의 대표적인 사례로 김포 외곽에 위치한 한 대형 베이커리 카페를 들 수 있다. 이 매장은 유동 인구가 적은 지역에 있음에도 불구하고, 온라인 마케팅과 매장 퀄리티를 통해 고객 유입에 성공했다. 이러한 형태의 베이커리 카페는 주변 거주 인구나 유동 인구보다는 고객 유입 경로, 주차장 유무, 내부 공간 구성, 리뷰 내용 등이 더 큰 영향을 미친다. 이 매장은 고객 리뷰에서 '빵이 맛있다', '커피가 맛있다', '매장이 넓다', '인테리어가 멋지다'는 긍정적인 피드백이 반복되며 재방문을 유도하는 핵심 경쟁력으로 작용했다. 단순한 외형보다 맛과 제품력에 대한 긍정적인 평가가 쌓일수록 고객의 재방문율이 높아진다는 점이 포인트다. 이러한 리뷰 분석은 오픈 전은 물론, 매장 운영 중에도 정기적으로 확인하고 반영해야 할 중요한 지표다.

또 다른 예로 성수동의 한 스몰브루어리 맥주 펍은 골목 안쪽에 위치해 있었지만, 지역 주민 대상 커뮤니티 기반 마케팅을 통해 단골을 확보했고, 소규모 맥주 페어 개최 등을 통해 공간을 적극적으로 활용하며 수익을 극대화했다. 상권 외적 요인을 극복할 수 있는 가게 운영 전략의 중요성을 보여주는 사례다.

최근에는 체험형 요소를 도입한 복합 문화 공간 매장들도 주목받고 있다. 예컨대 카페와 서점, 갤러리, 공방을 함께 운영하는 형태의 복합 문화 공간은 단순 소비를 넘어 고객의 경험을 중심에 둔다. 서울 망원동에 위치한 한 매장은 주말마다 도자기 클래스나 원데이 베이킹 수업을 진행하며 커뮤니티 기반의 단골층을 확보하고 있다. 이처럼 '경험' 중심의 가게 운영은 고객의 체류 시간을 늘릴 뿐 아니라 SNS 콘텐츠화에도 유리하다.

상권 분석이 끝난 뒤에는 실제 매장 운영에 대한 면밀한 분석이 필요하다. 특히 외곽에 위치하거나, 상권의 중심이 아닌 곳에서 안정적인 수익을 내는 매장의 경우, 입지의 약점을 운영으로 극복한 사례가 많다. 이때 주의 깊게 살펴야 할 요소는 단순히 매장 내부가 예쁜지, 서비스가 좋은지를 넘어서 '구조적으로 잘 운영되고 있는지'다.

첫 번째로 체크할 것은 매장 외부 환경이다. 접근성과 주차장 유무, 간판의 가시성은 처음 방문하는 고객의 유입 여부를 결정짓는 핵심 요소다. 특히 대형 카페처럼 체류 시간이 긴 매장의 경우 주차 공간은 필수며, 별도 전용 주차장을 갖추고 있다면 이는 곧 입지적

약점을 상쇄할 수 있는 강점이 된다. 또한 야간 조명과 간판의 위치·디자인도 중요하다. 예를 들어, 이케아는 고속도로에서도 한눈에 보이는 대형 간판을 배치해 접근성을 극대화한 대표적인 사례다.

둘째는 매장 내부 구성과 청결이다. 고객 동선을 고려한 인테리어, 결제 시스템의 위치, 테이블 간격 같은 요소들이 방문 경험의 질을 결정짓는다. 특히 주방이 오픈형인 경우 조리 위생 상태가 고객의 평가에 직접 영향을 준다. 최근에는 연기 배출 시스템이나 후각 경험을 고려한 디퓨저 활용까지 세심하게 설계하는 매장도 많다. 작은 차이들이 고객의 재방문 여부를 좌우하는 셈이다.

셋째는 메뉴 구성과 진열 동선이다. 빵이나 디저트류처럼 시각 자극이 중요한 품목은 진열 위치와 방향, 조명까지 고려해 배치하는 것이 좋다. 히트 메뉴는 가장 잘 보이는 자리에, 시즌 한정 제품은 시그니처로 강조해 고객의 구매를 유도할 수 있다. 메뉴판 디자인 또한 중요하다. 최근에는 디지털 메뉴 보드를 활용해 회전율 높은 메뉴를 강조하거나 시간대에 따라 메뉴를 바꾸는 매장도 늘고 있다.

넷째는 직원 교육과 응대 시스템이다. 특히 직원 수가 많은 매장의 경우 서비스 품질을 일정하게 유지하기 위해 교육 체계와 매뉴얼이 필수다. 응대 시간, 친절도, 전문성 등을 점검하고, 고객 불만 대응 방식도 내재화된 시스템이 있는지를 살펴야 한다. 최근에는 직원 복지와 교육 내용을 SNS 콘텐츠로 제작해 브랜드 이미지 강화에 활용하는 사례도 생기고 있다.

다섯 번째는 고객 리뷰 분석이다. 리뷰는 매장 운영자가 고객의 인식과 만족도를 가장 직관적으로 파악할 수 있는 도구다. 반복적으로 언급되는 긍정적 키워드는 매장의 강점이고, 부정적 리뷰는 개선 포인트다. 배달 전문점의 경우 리뷰 응대 속도가 곧 매출과 직결되는 경우도 많다. 리뷰 수보다는 '리뷰 질'이 더 중요하다는 점을 명심해야 한다.

여섯째는 SNS 및 온라인 평판이다. 요즘 고객은 가게를 방문하기 전에 네이버, 인스타그램, 유튜브에서 검색을 먼저 한다. 따라서 매장의 이미지, 해시태그, 사용자 후기 영상 등이 실제 매출에 영향을 준다. 스토리나 릴스 등 플랫폼별 운영 전략도 점검해야 하며, 지역 인플루언서와 협업하거나 체험단을 운영하는 것도 효과적인 방법이다. 실제로 한 고깃집은 SNS 협찬 이벤트를 통해 두 배 이상의 매출 성장을 경험했다.

일곱 번째는 공간의 유연성이다. 계절에 따라 매장의 분위기나 동선을 바꾸는 매장은 고객의 반복 방문을 유도하는 데 효과적이다. 여름철에는 야외 테라스를 열고, 겨울철에는 조명과 소품을 활용해 따뜻한 분위기를 조성하는 식이다. 여기에 시즌 한정 메뉴, 플리마켓, 원데이 클래스 등을 함께 운영하면 단순 소비를 넘어 '경험 소비'로 매장의 가치를 확장할 수 있다.

마지막으로 지역 커뮤니티와의 연결도 무시할 수 없는 요소다.

지역 주민 대상 할인 행사, 지역 학교·기업과의 제휴 이벤트는 충성 고객을 확보하는 데 효과적이다. 커뮤니티 게시판 운영, 소식지 활용, 지역 예술가와의 협업 전시 등은 매장을 단순한 소비 공간이 아닌 '지역의 거점'으로 자리매김하게 한다. 최근에는 로컬 브랜드와 협업 굿즈를 제작하거나, 사회적 기업과 프로젝트를 함께 진행하는 방식으로 공동 브랜딩 효과를 노리는 경우도 늘고 있다.

물론 소형 매장이라고 해서 운영 전략이 덜 중요한 것은 아니다. 5평 남짓한 디저트 카페라도 메뉴 진열 방식, 고객 동선 설계, 온라인 리뷰 관리는 생존과 직결되는 요소다. 이러한 분석은 창업 전에는 상권 검토의 도구로, 창업 후에는 매장 운영의 보완 도구로 활용 가능하다. 비슷한 업종에서 성공 중인 매장을 분석하고, 자신에게 맞는 요소를 추출해 접목한다면 훌륭한 실전 매뉴얼을 갖춘 셈이 된다. 예비 창업자 입장에서는 10~20개 정도만 분석해보더라도 성공 매장의 공통점을 어느 정도 파악할 수 있다.

결국 장사는 '위치'가 절반이지만, 그 자리를 어떻게 운영하느냐는 그 이상을 좌우한다. 좋은 입지를 갖췄다고 해서 성공이 보장되는 시대는 지났다. 반대로 입지가 다소 불리하더라도, 구조적으로 잘 설계된 운영 전략이 있다면 충분히 경쟁력을 가질 수 있다. 그리고 이러한 전략은 단기간에 완성되지 않는다. 고객의 반응과 데이터를 바탕으로 지속적으로 보완하고 개선하는 장기전이 되어야 한다. 이제는 매장 운영을 분석하고 전략을 설계하는 '운영 분석력'이 예비 창업자에게 요구되는 기본 역량이다. 성공한 가게를 부러워하는 데서 멈추지 말고, 그들의 구조와 전략을 해부하는 연습부터 시작하자.

맛은 그냥 그런데
잘되는 집

장사를 조금만 해보면 누구나 이런 질문을 한 번쯤 하게 된다.

"저 집은 솔직히 맛은 평범한데 왜 이렇게 장사가 잘되지?"

"반대로 여기는 음식이 정말 맛있는데 왜 손님이 없을까?"

장사하는 사람이라면 하루에도 몇 번씩 스치는 생각이다. 이 두 가지 상황은 하나의 중요한 사실을 말해준다. 장사는 맛만으로 되는 게 아니라는 점이다. 오히려 맛이라는 요소는 장사의 여러 구성 요소 중 하나일 뿐이다. 손님이 가게를 선택하고, 재방문을 결정하는 기준은 생각보다 훨씬 다양하고 복합적이다.

실제로 맛은 평범하지만 늘 손님이 붐비는 가게들은 몇 가지 공통적인 강점을 가지고 있다. 첫 번째는 입지와 접근성이다. 접근성이 뛰어나고 유동 인구가 많은 자리에 위치한 매장은, 음식의 퀄리티보다는 '편리함' 하나만으로도 고객을 끌어당긴다. 출퇴근길에 있는 분식집, 지하철역 앞 김밥집, 시장 통로에 자리한 떡볶이 가게처럼, 유동 인구를 그대로 흡수할 수 있는 위치에 있는 가게들은 굳이 '맛집'이 아니더라도 장사가 잘된다. 고객 입장에서는 "여기 진짜 맛있어"라기보다는 "지나가다 한 번 들르기 좋아", "빨리 먹고 나가기 딱 좋은 곳이야"라는 이유로 선택하게 되는 것이다.

서울역 근처의 한 순댓국집도 그 대표적인 사례다. 음식 맛이 특별하다고 보기는 어렵지만, 서울역 바로 앞에 위치해 있어 출퇴근 직장인과 지방에서 올라온 방문객 등 다양한 유동 고객이 꾸준히 유입된다. 회전율이 높고 서빙 속도도 빨라 점심·저녁 시간마다 줄이 끊이지 않으며, 하루 평균 방문객 수가 200명을 넘는다. 이처럼 '맛'이 아닌 '입지'와 '편의성'이 고객 유입의 핵심이 되는 구조다.

두 번째는 시스템과 속도다. 요즘 소비자들은 맛만큼이나 대기 시간, 주문 편의성, 결제 시스템 등을 중요하게 생각한다. 특히 직장인이나 학생처럼 시간이 빠듯한 고객층을 타깃으로 하는 매장의 경우, 회전율과 주문 시스템의 효율성은 매출과 직결된다.

서울 서부권에 위치한 한 김밥 전문점은 이런 시스템의 힘을 잘 보여주는 사례다. 메뉴 구성이나 맛 자체도 탄탄하지만 특히 주문부터 서빙까지의 속도, 테이블 회전율, 직관적인 메뉴판 구성 등 전반적인 시스템이 매우 잘 갖춰져 있다. 덕분에 점심시간이면 항상 긴 줄이 생긴다. 고객들이 이 가게를 선택하는 이유는 단순히 "맛있어서"가 아니라 "빠르고 편해서"다. 요즘 소비자에게 중요한 것은 '맛있다'보다 '시간을 아끼면서 만족할 수 있다'는 점이다.

서울 신림동 녹두거리에 위치한 한 오래된 분식집은 서울대학교 학생들 사이에서 오랜 시간 사랑 받아온 대표적인 로컬 맛집이다. 이곳의 음식 맛은 솔직히 '평균' 수준으로 평가받는다. 특별한 조리 비법이나 독창적인 메뉴가 있는 것도 아니다. 그런데도 점심시간만 되면 줄이 끊이지 않는다. 그 이유는 단순하다. 접근성이 뛰어난 위치에 자리 잡고 있고, 무엇보다 주문 후 음식이 바로 나오는 빠른 시스템을 갖추고 있기 때문이다. 이곳을 찾는 주요 고객층은 대부분 수업 전이나 짧은 휴식 시간에 빠르게 끼니를 해결하려는 학생들이다. 이들에게는 '맛'보다 '속도'가 더 중요한 선택 기준이 된다. 이 분식집은 그 니즈를 정확히 충족시키며, 고객의 시간 가치를 존중하는 운영 방식을 통해 경쟁력을 확보해왔다. 단순히 한 끼를 해결하는 장소가 아니라, 일상 속에서 언제든 믿고 들를 수 있는 생활형 인프라로 기능하고 있는 셈이다.

이처럼 맛은 평범하더라도 시스템과 편의성, 접근성을 강점으로 갖춘 매장은 장기적으로도 안정적인 운영이 가능하다. 그리고 이러한 매장들은 단순히 '잘 되는 분식집'이 아니라, 해당 상권 안에서 고객의 필요를 충족시키는 '기능점'으로 자리매김하게 된다.

또 하나의 중요한 요소는 브랜드 이미지와 기대치 조절 능력이다. 대형 프랜차이즈 매장 중에는 실제로 음식 맛이 극찬을 받을 정도는 아니지만, 늘 사람들로 붐비는 곳이 많다. 이유는 명확하다. 소비자들은 엄청난 맛을 기대하기보다는 적정한 맛과 안정적인 품질을 원하고, 그 기대가 어긋나지 않으면 충분히 만족한다.

대표적으로 버거킹이나 롯데리아 같은 브랜드들은 어느 매장을 가더라도 일정 수준의 품질과 분위기를 유지한다. 손님은 예측 가능한 결과를 원하고, 브랜드는 그 기대를 정확히 충족시켜준다. 이 일관성은 브랜드에 대한 신뢰로 이어지고, 결국 꾸준한 고객 유입을 만들어낸다. "크게 감동적이진 않아도 실망시키지 않을 것이다"라는 신뢰가 작동하는 것이다. 그런데 이 일관성이라는 게 아이러니하게도, 소상공인에게는 가장 구현하기 어려운 경쟁력이기도 하다. 맛의 퀄리티가 항상 상위권이 아니더라도, 적정선을 안정적으로 유지하는 것이 오히려 더 큰 강점이 될 수 있다는 점을 보여준다.

반면, 음식 맛이 탁월한데도 장사가 잘 안 되는 가게들은 공통적인 한계점이 있다. 첫 번째는 바로 '접근성'이다. 아무리 음식 맛이 뛰어나도, 고객이 접근하기 불편하다고 느끼는 위치에 있다면 유입 자체가 어렵다. 주차 공간이 없거나, 찾아가기 복잡한 골목길에 위치해 있거나, 모바일 지도에서 잘 노출되지 않는 경우가 이에 해당된다. 최근에는 대부분의 맛집 탐색이 모바일 지도 검색이나 SNS 기반으로 이뤄지기 때문에, 검색과 접근성에서 불편함이 있으면 자연스럽게 유입도 줄어들 수밖에 없다.

서울 성북구의 한 파스타 전문점은 SNS 리뷰에서 '서울에서 가장 맛있는 수제 파스타라는 극찬을 받기도 했지만, 골목 안쪽에 위치해 주차는 물론 도보 접근성도 떨어졌다. 오픈 초기에는 미식가들을 중심으로 입소문을 탔지만, 재방문 고객 확보에 실패하며 결국 1년 만에 폐업했다.

두 번째는 마케팅 부족이다. 아무리 맛이 좋아도 존재 자체를 모르면 손님은 올 수 없다. 요즘은 입소문만으로는 한계가 분명하다. 특히 신규 매장의 경우, 초기에 지역 커뮤니티, SNS, 블로그 등을 통해 인지도를 확보하지 못하면 초반 고객 유입이 크게 떨어진다.

인천 부평의 한 디저트 카페는 제품력과 플레이팅, 원두까지 뛰어난 구성을 갖췄지만, SNS 홍보는 전혀 하지 않았고 네이버 플레이스도 방치되어 있었다. 입소문을 통해 소규모 단골은 확보했지만, 대중적 확산에는 실패하면서 결국 6개월 만에 문을 닫았다. 요즘은 '맛집 = 브랜딩 성공'이 아니라, '맛 + 노출 전략'이 함께 작동할 때만 살아남을 수 있다.

세 번째는 내부 운영의 허점이다. 음식만 잘 만들고 다른 운영 요소를 소홀히 하는 경우, 장기 생존이 어렵다. 서비스, 위생, 청결, 결제 편의성, 고객 응대 등은 모두 손님의 재방문을 좌우하는 핵심 요소다.

서울 강남의 한 프리미엄 돈가스 전문점은 고기 숙성 기술과 튀김 온도까지 세심하게 신경 쓴 뛰어난 품질의 음식을 제공했지만, 직원 응대가 불친절하다는 리뷰가 반복되면서 방문객이 급감했다.

'맛은 있지만 기분 나쁜 집'이라는 인식은 어떤 음식력도 극복할 수 없는 악재다.

고객은 단순히 음식을 먹기 위해 오는 것이 아니라, 그 과정에서 느끼는 '경험 전체'를 통해 가게를 평가한다. 이른바 '맛의 기억'은 단순히 혀에서 끝나는 것이 아니라, 눈과 귀, 감정과 공간의 기억으로 이어진다.

결국 장사는 맛만으로 승부할 수 없다. 맛은 분명히 중요하지만, 그 자체로 장사의 성공을 결정짓지는 않는다. 만약 맛이 전부였다면 최고의 셰프가 운영하는 모든 식당이 성공해야 한다. 그러나 현실은 그렇지 않다. 고객은 맛 외에도 편의성, 접근성, 브랜드 신뢰, 서비스, 공간 구성, 시스템, SNS 평판 등 수많은 기준을 바탕으로 매장을 선택한다. 장사는 이 모든 요소가 유기적으로 작동하는 종합 설계다.

창업을 준비하고 있거나 이미 운영 중인 사장님이라면, 음식의 품질 향상만큼이나 맛 외의 요소들을 냉정하게 점검하고 개선해 나가는 전략이 필요하다. 잘되는 집과 안 되는 집의 차이는 생각보다 '맛'이 아니라 '운영의 총합'일 가능성이 높다. 지금 당장 내 매장의 '맛 외' 요소들을 점검해보자. 장사의 진짜 문제는 접시 위에만 있지 않다.

월세가 비싸면
목 좋은 자리일까?

　예비 창업자들이 가장 많이 하는 착각 중 하나는 '비싼 자리는 무조건 장사가 잘된다'는 믿음이다. 하지만 현실은 생각보다 다르다. 물론 임대료나 권리금이 높다는 것은 어느 정도 유동 인구가 확보되었거나 입지에 장점이 있는 자리일 수 있다. 그러나 그게 곧 안정적인 매출로 이어진다는 보장은 없다.

　대표적인 예가 신축 아파트 단지 상가다. 깔끔한 외관과 최신 시설, 높은 분양가만 보면 '여기만 들어가면 잘될 것 같다'는 착각이 들기 쉽다. 하지만 막상 영업을 시작해보면 정반대의 현실이 펼쳐진다. 입주 초기에는 아직 상권이 제대로 형성되지 않아 유동 인구가 부족하고, 상가 내 점포 입점률도 낮기 때문에 고객 유입 자체가 어렵다. 특히 입주가 완료되기까지 시간이 오래 걸리는 대규모 단지일

수록 이 문제는 더 심각해진다. 공실은 늘어나고, 기대했던 매출은 나오지 않는다.

한 사례로 서울 외곽의 한 신축 단지에 입점한 카페는 월세가 300만 원을 넘고 권리금도 1억 원에 달했지만, 상권 자체가 만들어지지 않아 평일 하루 매출이 30만 원에도 못 미쳤다. 커피 원재료 비용과 인건비, 고정비를 제하고 나면 수익은커녕 적자가 반복됐다. 반면, 오래된 주택가 골목 안에 있는 한 동네 카페는 접근성은 떨어지지만 주변 거주자들과의 유대감, 꾸준한 단골 확보를 통해 오히려 안정적인 매출을 유지하고 있었다.

비슷한 사례는 수도권 신도시의 한 상가에서도 나타난다. 이곳은 개발 호재와 대형 쇼핑몰 유치 소식으로 초기부터 분양가가 높았고, 입점 경쟁도 치열했지만, 실제 운영에 들어가자 주변 상권이 소비자 입장에서 활용할 만한 가치가 부족했다. 쇼핑몰은 방문객이 있지만, 상가 대부분은 쇼핑몰 외에 찾을 이유가 없는 구조로 설계돼 공실이 늘고, 입점 점포들도 임대료 부담에 시달렸다. 겉보기엔 화려하지만, 실질적인 유입 동선을 고려하지 않은 입지였던 것이다.

이처럼 '좋은 자리'는 건물의 외관이나 주변 시세가 아니라, 고객이 실제로 움직이는 동선과 소비 패턴에 달려 있다. 사람들이 왜 이 장소에 오는지, 어떤 시간대에 몰리는지, 무엇을 기대하고 찾는지를 먼저 분석해야 한다. 아무리 좋은 건물이라도 고객이 자연스럽게 지나치지 않는다면, 그 자리는 '장사가 안 되는 자리'가 된다.

이는 백화점이나 복합 쇼핑몰 내 매장에서도 마찬가지다. 같은 건물 안에 있어도 에스컬레이터에서 먼 구석에 위치한 매장은 유동이 적고, 매출 차이가 몇 배씩 벌어지기도 한다. 결국 입지란 단순히 물리적 위치가 아니라, 고객의 발걸음을 어떻게 유도할 수 있는지를 종합적으로 판단해야 하는 문제다. 땅값이나 월세가 높은 자리라고 해서, 그곳이 좋은 자리는 아니다.

또한 자리가 비싸다고 해서 상권이 보장된다는 기대는 매우 위험하다. 상권은 단순히 입지 조건이나 유동 인구 수치만으로 판단할 수 없다. 유동 인구가 많다고 해서 그 모든 사람이 곧 소비자가 되는 것은 아니기 때문이다. 예를 들어 번화가나 유흥가처럼 밤 시간대 유동이 많은 지역에 아동 대상 매장을 열 경우, 매출은 기대보다 크게 떨어질 수 있다. 고객층과 입지의 궁합이 맞지 않으면 유동 인구는 단순한 '지나가는 사람'에 불과하다.

이러한 착각은 창업 초기부터 과도한 고정비 지출로 이어지며 자금 압박을 유발하게 된다. 특히 최근처럼 금리와 임대료가 동시에 상승하는 시기에는 고정비 부담이 더욱 치명적으로 작용한다. 매출이 안정되기 전까지는 고정비가 곧바로 손실로 연결되며, 이는 폐업으로 이어질 수 있다. 오히려 외곽의 상대적으로 저렴한 상권에서 시작해, 꾸준한 단골을 확보하고 수익 모델을 안정시키는 것이 장기적인 생존 전략이 될 수 있다.

부동산의 자산 가치는 장사와 별개의 문제다. 상가의 시세는 아파트 가격 상승에 영향을 받아 오르기도 하지만, 장사의 수익성과는 전혀 다른 개념이다. 아파트는 매매와 보유 가치가 중심이지만, 상가는 실제 운영을 통한 수익이 중심이기 때문이다. 이 둘을 혼동하면 장사로 수익을 기대하면서도, 투자 목적으로 자리만 비싸게 선택하는 실수를 하게 된다.

실제로 상가 입지 선택의 실패로 인해, 상가가 경매로 넘어가는 사례도 늘고 있다. 높은 감정가에도 불구하고 낙찰가율이 계속 낮아지고 있으며, 감정가의 70% 이하로 낙찰되는 경우도 많아졌다. 이는 수익성이 나오지 않는 상가에 대해 시장이 냉정하게 반응하고 있다는 신호다.

창업자 커뮤니티에서도 흔히 볼 수 있는 질문이 "신축 상가에 권리금 없이 입점 제안을 받았는데 들어가도 될까요?"라는 것이다. 겉보기에는 기회처럼 보이지만, 권리금이 없다는 것은 매출 검증이 되지 않았고, 상권 형성이 끝나지 않았다는 뜻이기도 하다. 결국 상권이 자리 잡기까지의 비용과 시간은 창업자가 직접 감당해야 하며, 그만큼 리스크도 크다는 의미다.

결국 창업자 입장에서 중요한 것은 단순히 '사람이 많은 곳'이 아니라, '내 업종에 맞는 고객이 실제로 방문하고 머무는 곳'이다. 유동 인구가 많아도 고객층이 맞지 않으면 매출로 이어지기 어렵다. 예를 들어 20~30대 직장인이 주요 고객인 브런치 카페를 학원가 근처에 오픈한다면, 유동은 많지만 실제 타깃이 아니기 때문에 실패할 확률이 높다.

더구나 요즘처럼 경기가 위축된 상황에서는 고정비가 큰 자리일수록 리스크가 크다. 임대료, 관리비, 인건비 등 고정비가 높은 구조에서는 단기간에 매출이 확보되지 않으면 자금 압박에 시달릴 수밖에 없다. 반면, 중소형 점포로 시작해 안정적인 소규모 상권에서 테스트 운영을 거친 뒤 점차 확장해 나가는 방식은 실패 확률을 줄이면서도 지속 가능한 운영을 가능하게 한다.

이처럼 자리가 비싸다고 해서 장사가 잘되는 것이 아니다. 겉으로 보기에 화려한 입지보다 중요한 것은 실제 고객의 동선, 지갑을 여는 행동, 그리고 업종과의 궁합이다. 장사는 건물의 외형이나 시세가 아니라, '고객이 왜 이곳에 올까'를 분석하고 데이터를 기반으로 판단해야 성공에 가까워질 수 있다. 결론적으로, '비싼 자리'는 결코 '좋은 자리'의 동의어가 아니다. 오히려 '업종과 궁합이 맞는 자리', '단골이 생길 수 있는 자리', '고정비 대비 수익률이 나오는 자리'가 진짜 생존 전략이 되는 위치다. 예비 창업자는 자리를 고를 때 외형보다 실제 고객이 존재하는지를 가장 먼저 검증해야 한다. 결국 중요한 건 상가의 가격이 아니라, 내 업종과 잘 맞는 고객층이 꾸준히 방문하는 자리인가다.

4부

배달, 이제는 전략적으로 준비하자

배달이 생존의
기본기가 된 이유

    2020년 코로나19 팬데믹은 자영업 시장의 패러다임을 완전히 뒤바꿨다. 대면 소비가 거의 중단되면서, 특히 외식업 자영업자들은 매장 운영을 축소하거나 아예 중단해야 하는 상황에 놓였다. 이 시기 배달은 더 이상 선택이 아닌, 생존을 위한 핵심 채널로 급부상했다.

    배달앱 시장의 성장세는 그야말로 폭발적이었다. 배달의민족의 2020년 연 매출은 전년 대비 두 배 이상 증가했고, 쿠팡이츠는 단건 배달 시스템으로 시장에 진입하며 본격적인 경쟁에 불을 지폈다. 자영업자들은 홀 운영을 줄이고, 배달 중심 구조로 전환하기 시작했다. 그 결과, 이른바 '배달 전문점' 시대가 본격적으로 열리게 되었다.

    하지만 이러한 호황은 오래가지 않았다. 2022년 4월, 사회적 거리 두기가 해제되며 유동 인구가 다시 늘기 시작했고, 배달 수요는 점차 하락세로 돌아섰다. 실제로 2022년 5월부터 약 9개월간, 국내 주요 배달앱의 월간 이용자 수는 지속적으로 감소했다. 이는 단순한 일시적 조정이 아니라, 코로나라는 비정상적 소비 환경이 종료되며 소비자의 행동 패턴이 재구조화되고 있다는 신호였다. 소비자들은 배달을 '일상적 소비'가 아닌 '선택적 소비'로 인식하기 시작했다. 고물가와 고금리라는 경제적 압박 속에서, 배달 음식은 지출 우선순위에서 점점 밀려나고 있다. 실제로 배달앱을 삭제하거나, 주문 빈도를 줄이거나, 매장을 직접 찾는 소비자들이 늘고 있다. 특히 2023년 이후에는 가격에 민감한 소비 트렌드가 더욱 강해지면서, 편의성보다는 가격 경쟁력이 중요해지는 흐름이 뚜렷하게 나타나고 있다.

더 큰 문제는 수요가 줄어드는 상황에서도 공급은 오히려 늘어나고 있다는 점이다. 코로나 시기에 급증한 배달전문점들은 여전히 시장에 잔존하고 있고, 최근에는 하나의 주방에서 여러 브랜드를 동시에 운영하는 '샵인샵' 형태가 일반화되고 있다. 치킨, 덮밥, 도시락, 분식 등 서로 다른 브랜드 5~6개를 동일한 공간에서 운영하는 사례도 흔하다.

그 결과, 플랫폼에 표시되는 가게 수는 실제보다 과도하게 많아지는 현상이 발생하고 있다. 예를 들어 소비자가 배달앱에서 '국밥'을 검색했을 때, 200개 이상의 매장이 노출되지만, 그중 절반 이상은 실제 존재하지 않는 '가상의 브랜드'일 가능성이 높다. 동일한 주방에서 여러 브랜드를 운영하는 '샵인샵' 형태로 만들어진 가게들로, 실질적으로는 하나의 사업장에서 여러 개의 브랜드가 동시에 운영되는 구조다.

소비자 입장에서는 선택지가 다양해 보이지만, 자영업자 입장에서는 경쟁자가 두세 배로 늘어난 셈이다. 그만큼 배달앱 내 노출 경쟁은 심화되고, 광고비 부담도 함께 커진다. 결국 하나의 주문을 두고 수십 개의 가게가 경쟁하는 구조가 만들어진다. 수요는 줄었는데 공급은 늘어났기 때문에, 개별 매장이 가져갈 수 있는 주문 수는 자연히 줄어들 수밖에 없다. 하지만 문제는 여기서 끝나지 않는다. 배달앱 광고비, 중개 수수료, 배달 대행비 같은 고정비는 여전히 지출되기 때문에, 주문 수 감소는 곧바로 순이익 하락으로 이어진다. 즉, 구조적으로 손실이 나는 구조가 고착화되고 있는 것이다.

더불어 배달앱 플랫폼의 수수료 정책 변화도 자영업자들에게 불리하게 작용하고 있다. 초창기에는 월 정액제 광고 상품이나 고정 수수료 중심의 구조였지만, 지금은 클릭당 과금(PPC), 정률 수수료 방식으로 바뀌면서 전체 비용이 더 커졌다. 특히 배달의민족의 '우리 가게 클릭'처럼, 소비자가 매장을 클릭만 해도 광고비가 차감되는 구조에서는 실제 주문이 없더라도 사장님은 비용을 계속 지출하게 된다. 주문이 없는데도 나가는 돈이 쌓이는 구조다.

그럼에도 불구하고 자영업자들은 배달을 포기하기 어려운 상황에 놓여 있다. 오프라인 매장 운영만으로는 수익을 내기 점점 더 어러워졌고, 이는 많은 자영업자들이 이미 체감하고 있는 현실이다. 유동 인구만으로 매출을 만들던 시대는 지났다. 특히 임대료가 높은 상권일수록 테이블 회전만으로는 고정비조차 감당하기 어려워졌기 때문이다. 과거에는 1층 메인 상권이면 일정 매출이 보장됐지만, 이제는 그조차도 배달 없이는 생존이 힘든 시대가 되었다.

반면 배달은 잘 설계만 된다면 안정적인 매출 보완 수단이 될 수 있다. 홀 매출이 부진한 날에도 배달 주문이 꾸준히 들어온다면, 전체적인 수익 구조의 변동성을 줄이는 데 효과적이다. 특히 상권 외부의 고객까지 흡수할 수 있다는 점에서, 매출이 특정 지역에 한정되지 않는다는 장점이 있다. 예를 들어 점심 장사에 집중된 오피스 상권에서 배달을 병행해 저녁 매출까지 끌어올리는 사례도 점차 늘고 있다.

또한 시간대에 따라 유동 인구가 편중되는 상권에서도 배달은 유효한 전략이다. 사무실 밀집 지역은 점심, 주택가는 저녁 시간에 수요가 몰리지만, 그 외 시간대는 배달로 공백을 메우는 방식이 일반화되고 있다. 테이크아웃, 홀, 배달을 시간대별로 유기적으로 조정하는 운영 전략이 점점 자리를 잡아가고 있다.

배달의 또 다른 장점은 유행에 덜 휘둘린다는 점이다. 메뉴 트렌드가 바뀌더라도, 배달 채널이 안정적으로 유지된다면 꾸준한 매출 흐름을 유지할 수 있다. 예를 들어 기존 커피전문점에서 디저트 배달 브랜드를 별도로 운영하는 방식은 실제 창업 현장에서 자주 활용되는 전략 중 하나다.

물론 배달이 만능은 아니다. 배달의민족, 쿠팡이츠, 요기요 등 주요 플랫폼의 수수료 구조는 계속 복잡해지고 있으며, 배달 대행비와 광고비는 지속적으로 상승하고 있다. 특히 클릭당 광고 비용, 정률 수수료 중심의 정책 변화는 매출보다 비용이 더 빠르게 증가하는 구조를 만들어낸다. 여기에 무료 배달 경쟁은 배달비를 음식 가격에 전가하게 만들고, 이는 다시 소비자의 가격 민감도를 자극하는 악순환으로 이어진다. 일정 수준 이상의 리뷰 확보나 상위 노출을 위한 알고리즘 대응 전략 등도 꾸준한 관리가 필요하다.

이러한 상황에서 가장 중요한 것은, 배달을 단순히 '시작한다'가 아니라 '전략적으로 설계한다'는 관점의 전환이다. 플랫폼에 입점하고 주문을 기다리는 수동적인 방식으로는 더 이상 살아남기 어렵다. 브랜드 기획, 상권 분석, 경쟁점 리뷰 비교, 플랫폼별 맞춤 전략, 메뉴 구성과 가격 정책, 포장 품질까지 모든 요소를 유기적으로 연결한 설계가 필수다.

배달을 시작하기 전에는 최소한 다음 질문에 대한 답을 명확히 준비해야 한다. '선택한 배달앱의 수수료 구조는 어떻게 되나?', '주변 경쟁 점포의 리뷰 수와 평점은 어느 수준인가?', '내 메뉴의 가격 경쟁력은 충분한가?' 이 질문에 답하지 못한다면, 배달을 시작하는 것이 오히려 리스크가 될 수 있다.

이제 배달은 자영업자의 선택이 아니라 전제 조건이다. 잘 준비된 배달은 위기를 기회로 바꾸는 출구가 될 수 있으며, 매장만으로는 부족한 시대에 자영업 생존의 핵심 변수로 작용하고 있다. 단순히 '배달을 한다'가 아닌, '배달을 설계한다'는 전략적 관점이 필요한 시점이다.

배달은
사전 세팅이 80%

　배달을 처음 시작하는 사장님들 중 많은 분이 배달앱에 등록만 하면 자연스럽게 주문이 들어올 거라고 기대한다. 첫날, 설레는 마음으로 주문을 기다리지만 하루 종일 단 한 건도 들어오지 않는 경우도 적지 않다. 배달은 단순히 앱에 입점한다고 매출이 발생하는 구조가 아니다. 사전 준비가 부족하면 주문은커녕 광고비와 수수료만 지출되며 손해만 보는 악순환에 빠질 수 있다. 배달을 시작할 때 가장 중요한 건 '앱에 등록했다'가 아니라, '주문이 들어오게 만들 준비가 되어 있는가'다. 철저한 설계 없이 무작정 시작하면 배달은 매출을 올리는 채널이 아니라 비용만 쌓이는 부채 구조가 될 수 있다.

　배달에 성공한 자영업자들의 공통점은 모두 '세팅'에 있다. 특히 가장 먼저 준비해야 할 건 배달앱의 수수료 구조를 고려한 원가 설정과 가격 전략이다. 배달을 처음 시작하는 분들 중 일부는 "조금이라도 남기면 된다"는 생각으로 무작정 가격을 낮추거나 할인 쿠폰을 붙이는데, 이는 매우 위험한 접근이다. 매장 판매와 달리 배달은 중개 수수료, 배달 대행비, 광고비, 리뷰 이벤트 비용 등 여러 항목이 추가로 들어가기 때문에 단순한 원가율만으로 가격을 설정했다가는 '많이 팔아도 남는 게 없는 장사'가 될 수 있다. 즉, 배달앱만 배불리는 구조가 되는 것이다.

일반적으로 배달 원가율은 35%를 넘지 않도록 설정하는 것이 기본이다. 이상적인 수준은 30~35% 사이이며, 이보다 낮으면 음식의 질이 떨어지고, 40%를 넘으면 수수료 구조상 실질 이익이 거의 남지 않게 된다. 예를 들어보자. 현재 배달의민족과 쿠팡이츠의 수수료 구조는 다음과 같다.

> 중개 수수료 7.8% + 배달비 3,400원 + 결제 정산 수수료 3.3%

이를 기준으로 15,000원짜리 음식을 배달앱을 통해 판매할 경우, 수수료 총액은 약 5,000원 수준이다. 즉, 소비자에게서 받은 15,000원 중 5,000원이 각종 수수료로 빠져나가고, 실제 점주의 손에 남는 금액은 9,950원 정도다.

여기서 음식 원가가 40% 수준이면 원가는 6,000원. 결국 9,950원

- 6,000원 = 3,950원이 실제 남는 금액이며, 판매가 대비 순이익률은 약 26.3%에 불과하다. 이는 편의점에서 공산품을 판매했을 때와 비슷한 수준이다. 배달 수익률을 제대로 만들려면, 원가율을 30% 이하로 유지하고, 가격 설정도 이에 맞춰 전략적으로 접근해야 한다.

이 때문에 매장 가격과 배달 가격을 동일하게 설정하면 안 된다. 최근 버거킹, 맥도날드, BBQ 등 대형 프랜차이즈들이 매장과 배달 가격을 다르게 설정하는 '이중 가격제'를 도입한 것도 이와 같은 이유다. 배달 수수료 구조를 반영하지 않으면 손익이 무너질 수밖에 없기 때문이다.

내가 생각하는 적정 배달 순이익률은 판매가 대비 35~38% 수준이다. 이 수준의 이익을 확보하려면 메뉴별로 원가·판매가·수수료를 고려한 가격 세팅이 필수다. 이 계산 없이 '이 정도면 되겠지' 하고 가격을 정하는 순간, 배달앱만 배불리는 구조로 빠지게 된다.

메뉴 구성도 단순히 홀 매장에서 잘 팔리던 메뉴를 그대로 가져와선 안 된다. 홀에서 잘 팔리는 메뉴가 배달에서는 전혀 통하지 않는 경우가 많기 때문이다. 예를 들어 메가커피는 매장에서는 음료 위주로 매출이 발생하지만, 배달에서는 간단한 음식이나 디저트 수요가 높다는 점에 착안해 떡볶이 메뉴를 추가했다. 이 전략은 실제로 배달 매출 강화에 효과를 줬다.

반대로 배달에 적합하지 않은 메뉴는 과감히 제외하는 것도 중요하다. 구로구에서 배달앱 매출 최상위권을 기록 중인 돈까스집은 배달 중 눅눅해지는 튀김류나 면류는 메뉴에서 제거하거나 포장 방식을 개선했다. 또한 재료를 단순화해 조리 속도를 높이고, 최종적으로 고객이 받는 순간까지 음식의 온도와 모양이 유지되도록 했다. 결과적으로 클레임은 줄고, 리뷰 평점이 상승했으며, 재주문율도 꾸준히 올랐다. 메뉴 구성은 매출 향상 수단이자, 불만을 줄이는 방어 장치이기도 하다.

어떤 플랫폼을 주력으로 삼을지도 중요하다. 같은 조건이라도 지역과 업종에 따라 배달의민족이 더 효과적인 경우가 있고, 쿠팡이츠가 더 유리한 경우도 있다. 2024년 12월 기준 배달앱 점유율은 다음과 같다.

배달의민족	57.6%
쿠팡이츠	35.3%
요기요	5.9%

쿠팡이츠는 배달의민족에 비해 배달 속도가 빠르다는 장점이 있어, 젊은 1인 가구 밀집 지역에서 특히 반응이 좋다. 반면 배달의민족은 리뷰 수와 별점이 노출 순위를 좌우하는 구조이기 때문에, 브랜드를 장기적으로 운영할 계획이 있는 자영업자에게 더 유리한 면이 있다.

다만 지방의 경우 여전히 배달의민족이 강세를 보이는 지역이 많아, 자신의 상권에 따라 주력 플랫폼을 선택할 필요가 있다. 또한 최근에는 높은 수수료 부담을 이유로 공공 배달앱이 활성화된 지역들도 늘어나고 있기 때문에, 해당 지역에 거주 중이라면 공공 배달앱 운영 여부도 사전에 확인해 두는 것이 좋다.

문제는 아무리 플랫폼을 잘 골라도 노출이 되지 않으면 매출로 이어지지 않는다는 점이다. 특히 입점 초기에는 상위 노출이 어려워 광고의 힘이 필수적이다. 배달의민족의 우리 가게 클릭은 클릭당 과금 방식으로, 효율이 낮으면 광고비만 날리는 구조가 되기 쉽다. ROAS(광고 대비 매출)를 수시로 체크하고, 성과에 따라 광고 예산을 유동적으로 조정하는 능력이 요구된다.

현재 우리 가게 클릭의 클릭 단가는 50~1,000원까지 설정 가능하며, 초기에는 350~500원 수준에서 시작해 테스트해보는 것이 일반적이다. 지역별 광고 효율이 다르기 때문에, 350원부터 시작해 노출 성과를 확인하고, 필요 시 점진적으로 상향 조정하는 방식이 바람직하다. 일반적으로 10번 클릭에 1건 주문(전환율 10%)이 기준선이므로, 광고 단가 대비 주문율을 함께 고려해 운영해야 한다.

한편 쿠팡이츠의 광고는 배민과 방식이 다르다. 클릭당 비용이 아닌, 광고로 발생한 매출의 일정 비율을 광고비로 지불하는 방식이다. 이 방식의 장점은 클릭만으로는 비용이 발생하지 않고 실제 주문이 이뤄진 경우에만 광고비가 부과되기 때문에 비용 효율성이 높다는 점이다. 다만 객단가가 높은 가게는 주문 금액의 일정 퍼센트를 광고비로 지불해야 하므로, 오히려 광고비 총액이 더 커질 수 있다는 점도 감안해야 한다. 광고 비율은 최소 5%부터 최대 40%까지 설정 가능하며, 일반적으로는 10% 수준에서 시작해 성과를 확인하며 조정하는 방식이 적합하다.

또 하나 중요한 점은 배달앱 입점 초기에 가맹점에 제공되는 혜택이다. 초기에는 플랫폼에서 쿠폰이나 광고비 일부를 지원해주는 경우가 많기 때문에 이 시기를 놓치지 않고 활용하는 것이 중요하다. 배달앱은 입점 초기 가게의 연착륙을 돕기 위해 일정 기간 노출 순위 보정과 쿠폰 혜택을 제공하며, 이를 잘 활용하면 초기 리뷰 확보와 상위 노출로 빠르게 안착할 수 있는 기회가 된다. 특히 리뷰는 매장 장사보다 배달앱에서 훨씬 더 중요한 마케팅 자산이다. 리뷰 수와 평점은 검색 노출, 클릭율, 재주문율에 직결되기 때문에, 입점 초기부터 체계적인 리뷰 관리 전략이 필수다.

배달에서 리뷰는 단순한 피드백이 아니다. 알고리즘을 움직이는 핵심 요소다. 서울 강남의 한 과일가게 사장은 친환경 포장, 리뷰 유도 문구, 손 편지, 리뷰 쿠폰 등을 꾸준히 활용했다. 이 작은 노력이 쌓이며 리뷰 수가 늘었고, 배달앱 상단 노출에 유리한 조건이 만들어졌다. 고객은 대부분 상위 5~7개 업체 중에서 고른다. 결국 리뷰 수-노출, 노출-매출이라는 공식이 성립된다.

또한 배달은 단순한 디지털 채널이 아니라, 물리적인 흐름을 수반하는 구조다. 조리 속도, 포장 동선, 라이더 대기 공간, 주문 처리 시간 등 현장 프로세스가 정리되어 있지 않으면 피크타임에 병목 현상이 발생한다. 실제로 배민커넥트 라이더들 사이에서는 "조리 속도가 빠르고 정확한 매장은 다시 간다"는 말이 있다. 고객 만족 이전에 라이더가 먼저 만족해야 원활한 배달이 가능하다는 의미다.

리뷰에 "늦게 왔다"는 말이 달리면 단순히 음식점의 문제가 아니라, 라이더 픽업 동선 설계가 미비한 문제일 수 있다. 그래서 배달 매장에서는 폴딩 도어 설치나 전용 픽업대 마련 등 라이더 응대를 위한 기본 세팅이 필수다.

이처럼 배달은 단순한 부가 채널이 아니다. 플랫폼마다 고객층이 다르고, 광고 상품마다 전략이 다르며, 메뉴 구성, 포장 방식, 조리 시스템, 응대 매뉴얼까지 모든 것이 유기적으로 맞물려야 안정적인 매출이 발생한다.

최근 쿠팡이츠 전통시장 가맹점 중 일부는 배달만으로 연 매출 1억 원을 달성한 사례도 있다. 이들의 성공 비결은 단순히 음식을 잘 만드는 능력이 아니라, 고객, 플랫폼, 광고, 리뷰를 아우르는 종합적 운영 능력이었다. 배달은 결국 시작 전의 전략이 80%를 결정한다는 사실을 잊지 말아야 한다. 배달을 시작해도 되는 시점은 다음 네 가지가 모두 갖춰졌을 때다.

① **가격과 수익 계산이 완료되었는가**
② **배달 전용 메뉴가 별도로 구성되었는가**

③ 주력 플랫폼을 선정하고 광고 예산이 확보되었는가
④ 리뷰 확보 전략이 준비되었는가

이 네 가지가 준비되었다면, 이제는 매출이 아니라 수익을 낼 차례다.

수수료·고객층…
배달앱 3사 완전 해부

배달의민족 - 여전히 1등이지만, 더 이상 만만하지 않다

　배달의민족은 국내 배달앱 시장의 절대강자다. 사용자 수 기준 점유율 1위이며, 브랜드 인지도와 소비자 충성도에서도 타 플랫폼을 압도한다. 특히 30~50대 연령층의 비중이 높아 재주문율이 안정적으로 유지되며, 리뷰 기반의 노출 시스템 덕분에 일정 수준 이상의 평점과 리뷰 수만 확보하면 비교적 안정적인 매출 흐름을 이어갈 수 있는 구조다.

　배민 주 이용층의 특징은 '리뷰'를 꼼꼼히 확인하고, 일정 수준 이상의 평점을 신뢰한다는 점이다. 전반적으로 연령대가 높고, 가격보다는 품질과 신뢰도를 중시하는 경향이 강하다. 특히 자녀가 있는 가정이나 중장년층 고객은 배달 속도보다 리뷰 수, 메뉴 정보,

서비스 안정성을 더 중요하게 여긴다. 따라서 정식 메뉴를 갖추고 꾸준히 리뷰 관리를 할 수 있는 업종이라면, 배민은 장기적으로 매우 유리한 플랫폼이 될 수 있다.

또한 배민이 구축한 생태계는 자영업자 입장에서 운영 전반에 실질적인 도움을 준다. 예를 들어 식자재를 공급받을 수 있는 '배민상회', 충성 고객 확보에 유리한 '배민클럽', 마케팅 채널로 활용 가능한 '배민쇼핑라이브' 등은 단순한 주문 플랫폼을 넘어선 기능들이다. 일정 수준 이상 매장 운영이 안정된 경우, 배민을 기반으로 한 장기 매출 구조 설계도 가능하다.

하지만 이러한 강점에도 불구하고, 최근 몇 년간 수수료 체계와 광고 정책 변화는 많은 자영업자들에게 큰 부담이 되고 있다. 대표적인 예가 2024년부터 시행된 '상생 요금제'다. 표면적으로는 월평균 배민 매출에 따라 중개 수수료율과 배달비를 다르게 적용하고, 수수료율을 최대 2%포인트까지 인하하겠다고 했지만, 실제 현장에서는 오히려 부담이 커졌다는 반응이 많다.

자영업자 커뮤니티에서는 "일 매출 12만 원을 기록한 가게가 상위 35%로 분류됐다", "한 달 주문이 8건밖에 안 되는데도 상위 50~80% 구간에 포함됐다"는 사례가 잇따라 올라오고 있다. 이에 대해 "그냥 앱만 켜두고 장사만 하면 모두 상위 35%에 드는 것 아니냐"는 자조 섞인 반응도 나오고 있다.

문제는 이 상위 구간이 바로 가장 높은 수수료와 배달비가 적용되는 구간이라는 점이다. 서울 기준으로 상위 35%에 해당하면 중개 수수료 7.8%, 배달비 3,400원이 부과된다. 그런데 실제로는 이 요금제가 오히려 실 입금액을 줄이는 구조로 작용하는 경우가 많다. 예를 들어 객단가 15,000원인 경우 기존 요금제 대비 약 220원이 줄고, 20,000원일 경우도 약 110원이 감소한다. 실질적인 수수료 인하 효과는 객단가가 25,000원을 넘어야 나타나는데, 이 기준을 넘기는 소형 자영업자는 많지 않다.

더 큰 문제는 이 상생 요금제의 '기준'이 불투명하다는 점이다. 배민은 각 가맹점이 상위 몇 %에 속해 있는지는 알려주지만, 구간별 매출 커트라인이나 전체 가맹점 수 대비 비율 등은 공개하지 않는다. 결국 자영업자는 왜 자신이 높은 수수료를 내는지 알 수 없고, 단지 "상위 35%에 해당한다"는 통보만 받는 구조다. 이처럼 정보가 일방적으로 제공되는 구조에서는 플랫폼에 대한 신뢰가 무너질 수밖에 없다.

게다가 2024년부터는 포장 주문에도 6.8%의 수수료가 부과되기 시작했다. 기존에는 수수료 없이 운영 가능했던 포장 영역까지 수익성이 떨어지며, 자영업자 입장에서는 "배달도 포장도 남는 게 없다"는 불만이 커지고 있다.

광고비 부담도 만만치 않다. 대표 광고 상품인 우리 가게 클릭은 클릭당 600~1,000원의 비용이 발생한다. 특히 노출 경쟁이 치열한 지역에서는 클릭 수만 늘고 실제 주문으로 이어지지 않는 경우가 많아, 광고비만 손해를 보는 상황도 적지 않다. 게다가 리뷰 수나 평점이 부족하면 광고를 집행하더라도 상단 노출 자체가 되지 않아, 초기 운영 단계에서는 상당한 진입 장벽이 존재한다.

그럼에도 불구하고 배민은 여전히 강력한 고객 유입 채널이자, 브랜드를 구축할 수 있는 중요한 플랫폼이다. 특히 중장년층 고객을 주요 타깃으로 하거나, 신뢰와 반복 주문이 중요한 업종일수록 배민의 장점은 뚜렷하게 나타난다. 다만 단순 입점만으로 성과를 기대하기는 어렵다. 상생 요금제라는 이름 아래 수수료 구조가 복잡해졌고, 광고비와 배달비 부담도 늘어났기 때문이다. 특히 소규모 자영업자의 경우, 입점 전부터 수수료 구간별 구조를 정확히 시뮬레이션해보고, 본인의 메뉴 구성과 객단가가 실제 수익을 낼 수 있는 구조인지 철저히 점검하는 것이 필수다.

배민을 활용하려면 전략이 필요하다. 장기적인 브랜드 운영을 목표로 한다면 리뷰와 평점 관리, 광고 효율화, 메뉴 단가 조정, 운영비 절감 등 다양한 요소들을 종합적으로 설계해야 한다. 결국 배민은 안정된 운영 시스템 위에서는 강력한 무기가 되지만, 구조적 준비 없이 입점한다면 오히려 부채를 떠안는 결과로 이어질 수 있다.

쿠팡이츠 - 빠르지만 이제는 복잡하다

쿠팡이츠는 국내에 처음으로 '단건 배달' 시스템을 도입한 플랫폼이다. 기존처럼 여러 건을 한 번에 묶어 배달하는 구조가 아니라, 한 주문당 한 건씩 배달하기 때문에 체감 배달 속도가 매우 빠르다. 이 점이 쿠팡이츠의 가장 큰 강점이 되었고, 1인 가구, 혼밥족, 젊은 직장인들에게 큰 반응을 얻으며 수도권을 중심으로 단기간에 점유율을 급격히 끌어올렸다.

앱 UI도 직관적이다. 고객 입장에서는 사진 중심으로 메뉴가 구성돼 있어 빠르게 선택할 수 있고, 조리 시간과 예상 도착 시간도 비교적 정확한 편이다. 사장님 입장에서도 주문이 들어오면 곧바로 라이더가 배정되며, 쿠팡이츠 배달 파트너나 쿠팡플러스 같은 자체 배달망 덕분에 배달 지연이 적다. 정산도 빠르고 간편하며, CS 응대도 채팅 중심으로 이루어져 전화 응대에 대한 부담도 적다. 운영을 단순화하고 싶은 사장님들에게는 여러 면에서 분명한 장점이다.

그래서 지금도 많은 사장님들이 쿠팡이츠를 병행 운영하거나 아예 주력 플랫폼으로 선택하기도 한다. 특히 배달 속도에 민감한 고객층을 상대하는 분식, 패스트푸드 업종에서는 좋은 반응을 얻는 경우가 많다. 초기 진입 장벽도 낮은 편이다. 리뷰 수보다 음식 사진이 더 중요한 구조이기 때문에, 감각적인 사진만 잘 세팅해도 빠르게 노출을 끌어올릴 수 있다.

하지만 2025년 들어 상황이 달라지기 시작했다. 4월부터 '상생 요금제'를 도입하겠다고 발표하면서 배민처럼 거래액 기준으로 수수료 구간을 나누는 구조가 생겼다. 상위 35% 가맹점에는 수수료 7.8%와 배달비 3,400원이, 하위 20%에는 수수료 2%와 배달비 2,900원이 적용되는 구조다. 언뜻 보면 수수료가 인하된 것처럼 보이지만, 실제로는 그렇지 않다.

예를 들어 객단가 15,000원 기준으로 기존 요금제에서는 입금 예정 금액이 약 9,846원이었지만, 상생 요금제 적용 후에는 약 9,626원으로 오히려 줄어든다. 수수료율로 따지면 34.4%에서 35.8%로 오른 셈이다. 객단가 2만 원일 경우도 마찬가지다. 실질적인 인하 효과는 객단가가 25,000원을 넘어야 나타나는데, 이 기준을 넘기기 어려운 소형 매장이 많다는 점이 문제다. 게다가 매출이 조금만 있어도 자동으로 상위 35% 구간에 포함되므로, '체감 인하'가 아닌 '실질 인상'이라는 지적이 나오는 이유다.

이런 구조가 도입되면서 아이러니하게도 많이 팔수록 불리해지는 상황이 벌어지기도 한다. 그런데 쿠팡이츠는 여기서 한발 더 나아가 '이용료 절약형 요금제'라는 또 다른 요금제를 선보였다. 중개 수수료를 7.8%에서 5.5%로 낮추는 대신 배달비 전액을 사장님이 부담하는 구조다.

겉으로 보기에는 좋아 보이지만, 실제로 계산해보면 이야기가 달라진다. 객단가 15,000원 기준으로 수수료 인하로 절약되는 금액은 약 345원에 불과하지만, 배달비가 3,745원 이상이면 오히려 손해다. 거리에 따라 배달비가 달라지는 구조이기 때문에, 고정 수수료보다 가게에 더 불리해질 수 있다.

객단가 15,000원 기준

기존 요금제 적용 시 입금액	약 9,846원
상생 요금제 적용 시 입금액	약 9,626원(실질 인상)
절약형 요금제 적용 시	수수료는 낮지만 배달비 전액 부담으로 배달비가 3,745원 이상이면 손해

여기에 최근 고객 서비스(CS) 정책까지 변경되면서 사장님들의 불만도 커지고 있다. 예전에는 배달 사고가 발생하면 쿠팡이 먼저 연락을 주고, 상황 파악 후 자동 보상이 이뤄졌지만, 이제는 매장 연락이 되지 않으면 고객 말만 듣고 선보상이 이뤄지고, 이후 사장님이 별도로 보상 신청을 해야 한다. 그것도 주문 취소일 기준 14일 이내에 신청해야 하며, 보상이 확정된다는 보장도 없다. 한때 쿠팡이츠의 강점이었던 '고객 응대 부담 완화' 구조가 무너지고 있는 것이다.

이처럼 쿠팡이츠의 변화는 단순히 요금제 몇 가지를 바꾼 수준이 아니다. 배달비 구조는 점점 유동적으로 바뀌고 있고, 할인 정책을 통해 가맹점 간 가격 경쟁을 유도하고 있으며, CS 책임도 점차 점주에게 전가되고 있다. 사진 중심이라는 장점도 월 정액 광고 패키지가 생기면서 자금 여력이 있는 가게에 더 유리한 구조로 바뀌고 있다.

그럼에도 쿠팡이츠를 완전히 포기하기 어려운 이유는 분명히 존재한다. 빠른 배달 속도, 젊은 고객층, 안정된 물류망, 간편한 정산 시스템 등은 여전히 다른 플랫폼이 쉽게 따라올 수 없는 강점이다. 그리고 이 플랫폼은 잘만 운영하면 빠르게 결과가 나오는 구조이기도 하다. 그래서 이제 쿠팡이츠는 '무조건 쓰면 되는 플랫폼'에서 '전략 없이는 위험한 플랫폼'으로 성격이 바뀌고 있다고 보는 게 맞다.

결국 중요한 것은 쿠팡이츠가 나빠졌다는 게 아니다. 더 똑똑하게, 더 준비된 상태에서 접근해야만 수익을 남길 수 있는 플랫폼이 되었다는 것이다. 메뉴 가격 세팅, 배달 거리 전략, 광고 집행 계획, 리뷰 대신 사진 관리, CS 리스크 대응까지, 전부 본인이 사전에 준비돼 있어야 한다. 이제는 단순히 입점하는 게 아니라, '쿠팡이츠라는 하나의 플랫폼을 운영한다'는 마인드로 접근해야 한다.

요기요 - 무너지는 2위, 그러나 아직 끝난 건 아니다

요기요는 한때 배민과 어깨를 나란히 하던 대표적인 배달앱이었다. 배민이 독일 딜리버리히어로(DH)에 인수되면서 공정위 조건에 따라 매각된 이후, 현재는 GS리테일 컨소시엄에 편입돼 독립적으로 운영되고 있다.

과거에는 가게 배달 중심의 무난한 서브 채널로 사용되었지만, 지금은 점유율이 한 자릿수대로 떨어지며 시장 내 입지가 점점 줄어들고 있다. 2023년 기준 월간 활성 이용자 수는 쿠팡이츠에 밀려 3위로 내려앉았고, 수백억 원의 적자가 누적되며 2024년에는 전사적인 희망퇴직까지 시행했다. 더 이상 단순한 정체가 아닌 본격적인 하락 국면에 접어든 모습이다.

요기요가 이렇게 무너진 첫 번째 이유는 '무료 배달'이라는 흐름에 제때 대응하지 못한 점이다. 쿠팡이츠가 와우 회원을 대상으로 거리와 상관없이 무료 배달을 시작하자, 배민도 조건 없는 무료 배달로 대응했다. 하지만 요기요는 여전히 유료 회원제인 요기패스를 고수했고, 이로 인해 소비자 입장에서의 매력이 급격히 떨어졌다. 결국 소비자가 빠져나가자, 자영업자들도 자연스럽게 주문이 잘 나오는 쪽으로 옮겨갔다.

두 번째는 수수료 구조다. 요기요는 업계 최고 수준의 수수료를 받고 있다. 가게 배달 기준으로는 부가세 포함 13.75%, 요기요 배달은 수수료 11%에 배달비 3,190원이 별도다. 여기에 외부 결제 수수료까지 포함하면 실질 수수료 체감은 17~20%에 달하기도 한다. 배민이나 쿠팡이츠의 수수료 인상이 이슈가 될 때도 요기요는 조용했는데, 오히려 그만큼 관심조차 받지 못했다는 뜻이기도 하다.

요기요도 반격에 나서긴 했다. '요기요 라이트 요금제'라는 이름으로 수수료를 최대 4.5%까지 낮출 수 있는 요금제를 도입했지만, 혜택을 받기 위한 조건이 까다롭고 대상 매장도 제한적이어서 현장에서는 큰 변화가 체감되지 않고 있다.

앱과 시스템 면에서도 평가가 좋지 않다. 주문 접수 오류, 배차 지연, 알림 누락 등 기술적인 문제가 계속되고 있고, 앱 자체도 직관성이 떨어진다는 의견이 많다. 최근에는 배차를 자체 수행하기보다 외부 업체에 맡기는 경우도 많아져, 라이더의 숙련도나 배달 품질에서도 불만이 나온다.

그럼에도 불구하고 요기요를 완전히 포기하기는 아직 이르다. 첫째, 배달 대행을 직접 운영하고자 하는 가게에는 요기요의 '가게 배달' 구조가 여전히 유효하다. 배달비를 자율적으로 조정할 수 있다는 점은 다른 플랫폼과 차별화되는 부분이다. 둘째, 수도권처럼 경쟁이 치열한 지역은 아니더라도 지방이나 로컬 상권에서는 여전히 주문이 나오는 경우가 많다. 특히 지역 쿠폰이나 요기요 단독 할인 혜택이 있는 지역에서는 안정적인 매출을 기대할 수도 있다. 최근엔 네이버플러스 멤버십과의 연동 할인도 강화되면서 다시금 충성 고객을 확보하려는 시도도 이어지고 있다. 셋째, 오히려 경쟁이 과열될수록 요기요의 단순한 구조가 장점으로 부각될 수 있다. 배민은 수수료와 광고비 부담, 쿠팡이츠는 배달 품질과 CS 리스크 문제가 점점 커지고 있는 상황이다. 이런 가운데 요기요는 '많이 팔아도 부담이 적다'는 인식을 줄 수 있고, 특히 배달보다 포장이나 픽업 중심으로 운영하는 가게에는 더 유리한 구조가 될 수도 있다.

결국 요기요는 예전처럼 주력 플랫폼으로 쓰기에는 아쉬운 부분이 많지만, 가게의 성격과 운영 방식에 따라 전략적으로 활용할 수 있는 보조 채널이다. 중요한 건 단순히 '일단 깔아두자'가 아니라, 이 구조에서 실제로 수익이 날 수 있는지부터 계산해보는 것이다.

배달앱 3사 비교 요약

항목	배달의민족	쿠팡이츠	요기요
수수료	중개형 6.8~12.5% +광고비	상생요금제 2~7.8% 절약형 5.5%	기본 13.75% 라이트형 최대 4.5%
배달비 구조	배민1은 배달비 본사 부담, 가게 배달은 일정 수수료	배달비 전액 가게 부담(절약형), 거리별 변동	가게 배달: 직접 설정 요기 배달: 3,190원
앱 UI 및 고객 편의성	높은 완성도, 고객 리뷰 중심	사진 중심 UI, 빠른 배차	상대적 불편, 기능 단순
리뷰, 사진 노출 구조	리뷰 수 중심 노출	사진 품질 중심 노출	리뷰 및 노출 효율 낮음
주요 타깃 고객	전 연령층, 전국 사용	1~2인 가구, 젊은 직장인	중소도시, 로컬 중심
장점	고객층 다양, 검색 노출 강함	빠른 배달, 감각적 사진 노출	배달 대행 자유, 저비용 운영 가능
단점	광고비 부담 큼, 경쟁 심함	요금제 복잡, CS 책임 전가	기술력 약함, 고객 이탈 진행 중

입점 초반 2주는
전쟁이다

배달은 세팅이 80%지만, 그 세팅이 실제 효과를 발휘하는지는 입점 이후 단 2주 안이면 판가름 난다. 이 시기는 배달앱이 신규 가맹점에게 한시적으로 상단 노출을 제공하는 구간으로, 자영업자에게는 말 그대로 '기회의 창'이 열리는 시점이다. 하지만 이 창은 오래 열려 있지 않다. 준비 없이 입점한 가게는 상단 노출이 끝남과 동시에 주문이 뚝 끊기고, 이후 광고 효율도 급격히 떨어지는 악순환에 빠진다.

초기 2주 동안 가장 중요한 것은 매출이 아니다. 노출을 유지할 수 있는 구조를 만들어내는가가 핵심이다. 이 시기에 일정 수준 이상의 주문 수, 높은 평점, 리뷰 수가 확보되면 플랫폼 알고리즘은 해당 가게를 '성공 가능성 있는 매장'으로 판단해 이후에도 상위 노출을 유지해준다. 반면 초기 반응이 저조하거나 평점이 낮으면 순위는 바로 밀려나고 광고를 써도 다시 상위권에 오르기 어려워진다. 결국 초기 2주는 매출을 뽑아내는 기간이 아니라 노출 구조를 설계하는 시간이다. 이 시기를 제대로 활용하기 위해 사장님이 준비해야 할 전략은 세 가지다.

주문 수 확보: 쿠폰, 세트 구성, 배달팁 전략

첫째, 주문 수 확보다. 초기에는 이익을 일정 부분 포기하더라도 주문 수 자체를 끌어올리는 것이 핵심이다. 신규 노출 기간 동안 고객의 '첫 클릭'과 '첫 주문'을 이끌어내지 못하면, 이후에는 유입 자체가 급감한다. 따라서 초기 2주에는 다음과 같은 주문 유도 전략이 필요하다.

우선 단가 높은 세트 구성을 활용하는 것이 좋다. 예를 들어 '혼밥 세트', '가성비 2인 세트', '사이드 무료 세트' 등은 클릭률과 주문 전환율을 동시에 끌어올린다. 최소 주문 금액은 낮추고, 배달팁은 유동적으로 책정해 결제 직전의 심리적 장벽을 낮춰야 한다. 떡볶이나 분식처럼 객단가가 낮은 업종이라면, 기본 세트 구성에 무료 사이드를 더해 초반 반응을 유도할 수 있다. 반대로 도시락, 돈까스처럼 객단가가 높은 업종은 정시 배달과 깔끔한 포장이 구매 결정의 핵심이다. 업종별·지역별 특성에 맞게 전략을 설계해야 한다. 초기 20건의 주문은 단순한 매출이 아니라 플랫폼이 해당 가게를 신뢰할 수 있을지를 판단하는 기준이 된다. 즉, 이 시기에 남기는 마진보다 더 중요한 것은 알고리즘 신뢰 점수다. 이 점수를 확보하지 못하면, 아무리 맛있는 집이라도 이후에는 다시 상단으로 올라가기 어렵다.

배달앱에서 리뷰는 단순한 후기 기능이 아니다. 리뷰 수와 평점은 알고리즘이 노출 순위를 정하는 핵심 변수며, 동시에 소비자에게 신뢰를 주는 가장 직접적인 신호다. 초반 리뷰 수가 적거나 별점이 낮으면, 음식이 아무리 맛있어도 소비자의 선택을 받기 어렵다. 초기 리뷰를 확보하기 위해 많은 자영업자가 사용하는 방식은 포장에 리뷰 유도 문구를 삽입하거나, 소형 사은품을 함께 제공하는 것이다. 이때 중요한 건 감동이 아니라 전환율이다. 진심 어린 손 편지보다 짧고 직관적인 문구가 훨씬 효과적이다. '리뷰 작성 시 사은품 증정' 같은 간결한 메시지가 전환율을 높인다. 사은품은 브랜드 이미지에 맞는 300~400원대 제품이면 충분하다. 여기서 핵심은 속도다. 하루에 하나씩 흩어지는 리뷰 10개보다, 3일 안에 몰아서 들어오는 5개 리뷰가 알고리즘에 주는 신호가 훨씬 강하다. 플랫폼은 특정 기간 내에 집중된 반응을 더 높게 평가하기 때문이다. 또한 초반에는 별점 4.8 이상을 반드시 유지해야 한다. 별점이 4.5 아래로 떨어지면, 이후 아무리 노력해도 상단 노출은 사실상 불가능하다.

리뷰 이벤트는 단순히 주문을 유도하는 수단을 넘어, 경쟁 매장과의 차별화를 만드는 전략이기도 하다. 소비자들은 메뉴가 비슷할 경우, '리뷰 이벤트 중'이라는 문구 하나만으로도 해당 가게를 선택하는 경우가 많다. 초반 2주 동안 리뷰는 광고보다 더 강력한 마케팅 자산이 된다. 리뷰 수와 평점 관리가 곧 플랫폼에서의 생존 여부를 좌우하게 되는 것이다.

광고 효율: 초반 예산은 비용이 아니라 투자

둘째, 광고 효율을 살펴보자. 많은 자영업자가 배달앱 광고를 단순 비용으로만 인식한다. 하지만 초반 2주간의 광고는 말 그대로 '진입권'을 사는 시간이다. 이 시기에 반응을 확보하지 못하면, 이후에 아무리 많은 광고비를 써도 성과는 제한적이다. 그렇기 때문에 초기 광고는 매출을 위한 지출이 아니라, 노출을 위한 투자라는 관점으로 접근해야 한다. 배민의 우리 가게 클릭은 클릭당 비용 구조다. 보통 클릭당 350~600원 수준에서 시작하는데, 반응률을 기준으로 단가를 조절하는 방식이 일반적이다. 클릭률이 5% 이상, 주문 전환율이 10% 전후라면 광고 효율이 우수한 편이다. 반면, 광고가 노출되는데 클릭이 없다면 썸네일 이미지나 상호명을 점검해야 하고, 클릭은 되지만 주문이 없다면 메뉴 구성, 리뷰 수, 배달팁 등이 원인일 수 있다.

쿠팡이츠는 주문당 광고비가 발생하는 구조다. 고객이 실제 주문을 해야 광고비가 빠져나가는 방식이라 언뜻 보면 효율적으로 느껴질 수 있다. 하지만 객단가가 높을수록 광고비도 함께 늘어난다는 점에 유의해야 한다. 예를 들어 광고 수수료율이 10%로 설정돼 있고, 2만 원짜리 주문이 들어오면 그중 2천 원이 광고비로 빠져나가는 구조다. 업종에 따라 광고비 부담이 달라질 수 있기 때문에, 주력 메뉴의 단가에 따라 광고 전략을 달리 설정해야 한다.

초기에는 광고 예산을 보수적으로 아끼기보다는, 하루 단위 예산을 설정한 뒤 전환율을 집중 분석하는 것이 중요하다. 이 데이터를 기반으로 효율이 낮은 지점은 빠르게 보완하고, 이후에는 광고를 줄이거나 중단하더라도 노출을 유지할 수 있는 기반을 만들 수 있다. 다시 말해, 이 시기의 광고는 단기 매출이 아니라 장기 노출을 위한 테스트베드이자 성장 발판인 셈이다.

초기 2주의 주문과 리뷰는 단순 매출 수치가 아니다. 플랫폼이 해당 가게를 '신뢰할 만한 파트너'로 인정할지 말지를 결정하는 지표다. 이 시기의 성과는 이후 수개월의 매출 구조를 좌우한다. 초반 성과가 없다고 해서 메뉴를 갑자기 바꾸거나 광고를 껐다 켰다 해도 알고리즘 구조 자체가 바뀌지 않는다. 일부 사장님들은 이 구간을 넘기지 못해 아예 계정을 삭제하고 처음부터 새로 시작하기도 한다. 그만큼 이 2주는 한번 지나가면 되돌릴 수 없는 시간이다.

초기 2주는 테스트 기간이 아니다. 이 시기는 본 게임의 시작이자, 플랫폼 장사의 생존 테스트다. 전략 없이 흘려보내면 이후의 매출은 없다. 반면 철저히 준비된 가게는 이 2주 동안 수개월의 매출 기반을 만들고 광고 없이도 굴러가는 구조를 갖출 수 있다.

☑ 초기 2주, 성공을 위한 필수 점검 리스트

① **최소 주문 50건 확보**

하루 3~5건 이상의 주문이 꾸준히 발생해야 상단 노출 유지가 가능하다. 단발성 주문이 아니라 지속적인 주문 흐름이 핵심이다.

② **리뷰 수 20건 이상, 평균 평점 4.8 이상 유지**

배달앱은 리뷰 수와 별점을 중심으로 노출 순위를 결정한다. 첫 10건의 리뷰가 이후 흐름을 좌우한다는 점을 기억해야 한다.

③ **리뷰 전환율 30% 이상 확보**

주문 10건 중 3건 이상이 리뷰로 이어져야 알고리즘이 반응한다. 주문만큼이나 리뷰 유도가 중요하다.

④ **광고 클릭률 5% 이상, 주문 전환율 10% 내외 유지**

클릭률이 낮다면 이미지·상호명·가격을 점검하고, 주문 전환율이 낮다면 리뷰 수·배달팁·구성을 다시 설계해야 한다.

⑤ 세트 구성과 쿠폰으로 '첫 클릭→첫 주문' 유도 구조 설계

'혼밥 세트', '가성비 2인 세트', '무료 사이드' 등의 구성을 통해 첫 주문 장벽을 낮춘다. 첫 주문을 만들어야 이후가 있다.

⑥ 리뷰 유도 장치 마련은 필수

포장 내 리뷰 요청 메시지, 작은 사은품, 후기 작성 쿠폰 등을 반드시 준비하자. 간단한 메시지 하나가 반응을 바꾼다.

⑦ 주력 메뉴 3~5개로 압축, 고퀄리티 이미지 확보

메뉴 수는 줄이고, 대표 이미지의 완성도를 높인다. 잘 고른 한 장의 사진이 광고보다 강하다.

⑧ 조리 시간, 포장 품질, 배달 동선까지 실제 운영 테스트 완료

리뷰는 단순히 음식 맛이 아니라 전체 경험에 대한 평가다. 포장 실수 한 번으로 별점이 무너질 수 있다는 걸 잊지 말자.

5부

단골을 만드는 건 따로 있다

맛보다 기억에
남는 건 경험

맛있는 가게는 많다. 하지만 오래 기억에 남는 가게는 드물다. 손님들이 다시 찾아오는 이유가 꼭 음식 맛 때문만은 아니다. 진짜 중요한 건 '받는 느낌'이다. 대부분의 소비자는 맛있는 음식을 찾는다. 하지만 단골이 되는 이유는 조금 다르다. 맛은 기본이고, 결정적인 건 감정이다. 사람은 이성적으로 움직이는 것 같지만, 실제로는 감정에 따라 기억하고 행동한다. 특히 외식업에서는 음식의 맛보다도, 그 공간에서 어떤 대접을 받았는지, 어떤 분위기였는지, 어떤 말을 들었는지가 더 오래 기억에 남는다.

똑같은 커피를 팔고, 똑같은 돈을 받았는데 어떤 가게는 고객에게 '이 가게는 뭔가 챙겨주는 느낌이 있다', '이 사장님은 신경을 써주는구나' 하는 인상을 남긴다. 이게 바로 단골로 이어지는 핵심 포인트다. 손님은 단지 커피 한 잔을 산 게 아니라, 사장님의 태도와 분위기, 그리고 자신을 대하는 방식까지 포함된 전체 경험을 산 것이다.

예를 들어보자. 주변 카페들이 아메리카노를 4,000원에 팔고 있다면, 어떤 가게는 4,500원에 판매하면서 쿠키 하나나 작은 디저트를 곁들인다. 사장 입장에서는 큰 비용이 들지 않는 구성이지만 고객 입장에서는 '500원 더 냈지만 뭔가 더 받았다'는 감정이 강하게 남는다. 이처럼 작지만 뚜렷한 차별화가 반복되면 손님은 자연스럽게 그 가게에 애착을 느끼기 시작한다.

비슷한 예는 분식집에서도 찾을 수 있다. 똑같이 떡볶이를 주문해도 어떤 가게는 단무지와 물만 주고, 어떤 가게는 직접 담근 무피클과 뜨끈한 국물을 함께 내준다. 포스트잇에 '방문 감사합니다' 한 줄을 적어 붙여주는 가게도 있다. 고객은 이런 디테일에서 감동을 받는다. 비싼 재료를 쓰지 않아도, 이런 배려는 기억에 남는다.

이 감정은 단순한 서비스 이상의 의미를 가진다. 이 집이 특별해서가 아니라 '나를 더 챙겨줬다'는 인상이 고객의 머릿속에 오래 남는다. 머릿속에는 이렇게 각인된다. "여기는 뭔가 기분 좋은 경험이 있었던 곳." 이건 단순한 이벤트가 아니다. 하나의 전략이다. 고객에게 '나를 기억해주는 가게', '내가 환영받는 공간'이라는 인식을 심어주는 장치는, 장사의 성패를 가를 만큼 중요한 요소다. '맛있다'는 평가는 누구나 받을 수 있지만 '다시 가고 싶은 가게'는 따로 있다.

가끔 사장님 중에는 이렇게 말하는 분도 있다. "저희는 맛으로 승부해요." 물론 맛은 중요하다. 기본이니까. 하지만 아무리 맛있어도 감정이 남지 않으면 기억에 남지 않는다. 특히 경쟁이 치열한 업종일수록 '맛있다'는 건 선택의 조건일 뿐이지, 차별화의 포인트가 아니다.

리뷰가 좋은 가게들을 살펴보면 '맛있다'보다 '친절하다', '깨끗하다', '신경 써준다'는 표현이 더 자주 등장한다. "음식이 맛있어요"는 대부분의 가게가 받는 평가지만 "기분이 좋아졌어요", "사장님이 너무 따뜻했어요" 같은 감정 중심 리뷰는 그 가게만의 차별화된 자산이 된다.

감정은 사소한 배려와 예상 못한 디테일에서 비롯된다. 단골은 우연히 생기는 것이 아니다. 고객의 감정을 자극하는 요소는 철저히 설계된 결과다. 예를 들어, 손님이 자리에 앉자마자 얼음물 한 잔을 미리 준비해서 내주는 가게는 '기본에 충실하다'는 인상을 준다. 더운 날씨에 에어컨을 먼저 켜두거나, 비 오는 날 슬리퍼가 미끄럽지 않게 바닥을 닦아두는 세심함은 감정으로 연결된다.

눈에 잘 띄지 않는 부분들도 중요하다. 예를 들어 입구 유리문에 손자국 없이 반짝거리는 청결 상태, 배달앱 리뷰에 붙여놓은 친절한 스티커, 깔끔하게 정리된 화장실, 먼지 하나 없는 조명, 티슈가 잘 뽑히는 디스펜서, 물기 없는 세면대. 이 모든 것이 좋은 느낌을 만든다. 이 느낌이 다음 방문으로 연결된다.

특히 '청결'과 '인사'는 기본 중의 기본이다. 입구 유리문을 매일

닦는 것만으로도 손님의 인식은 크게 달라진다. 첫인상은 대부분 '입장 순간'에 결정되기 때문이다. 아무리 음식이 맛있고 분위기가 좋아도 처음 문을 열었을 때 "어서오세요!"라는 인사가 없다면, 그 가게는 무표정하고 기운 없는 공간으로 기억된다. 반면, 환하게 웃으며 "안녕하세요" 한마디만 해도 고객의 표정은 바뀐다. 그것이 감정을 만든다. '티슈함이 너무 꽉 차서 티슈가 찢어진다.' '화장실에 비누가 없다.' '밖에서는 깨끗한데 내부는 먼지투성이다.' 이런 사소한 불편이 쌓이면 손님은 다시 오지 않는다. 단골은 당연히 편안함을 기준으로 만들어진다.

진짜 단골은 맛보다 "받는 느낌"에서 시작된다. 맛은 기본일 뿐이고, 단골을 만드는 건 느낌의 설계다. 고객에게 어떤 감정을 남길 것인가. 그 질문을 스스로에게 던질 수 있어야 한다. 가게에 오는 모든 손님에게 '오늘 이 사람은 무슨 느낌을 받고 돌아갈까?'라는 질문을 매일 하는 사장님은, 반드시 단골을 만든다.

리뷰가
가게를 살린다

 요즘 손님들은 음식을 주문하기 전 반드시 검색부터 한다. 네이버 플레이스, 인스타그램, 배달앱, 구글 지도까지, 어디를 가든 리뷰가 없는 가게는 선택조차 되지 않는다. 리뷰가 곧 신뢰다. 손님이 가게에 오기 전, 가장 먼저 접하는 것은 음식 사진이 아니라 리뷰다.

 별점 4.8을 기준으로 매출에 큰 차이가 발생한다는 건 이미 잘 알려진 사실이다. 여기서 단 0.1점만 떨어져도 가게 선택에서 탈락할 확률이 급격히 높아진다. 별점 4.8 이상이면 '괜찮은 가게'로 인식되지만 4.5 이하로 떨어지면 그 순간부터 선택지에서 제외되는 경우가 많다. 이 작은 차이가 매출 흐름을 바꾼다.

 중요한 건 리뷰의 숫자만이 아니다. 내용이 더 중요하다. "친절해요", "맛있어요" 같은 짧은 감상보다, "사진이랑 똑같아요", "요청 사항을 정성껏 반영해주셨어요"처럼 구체적이고 진정성 있는 후기가 신뢰를 만든다. 이런 리뷰가 누적될수록 가게는 '리뷰로 믿을 수 있는 곳'이라는 이미지를 얻게 된다. 이제 리뷰는 단순한 요청이 아니라 설계의 영역이다. "리뷰 써주세요"라는 말만으론 충분하지 않다. 고객이 자발적으로 리뷰를 남기고 싶게 만드는 경험, 즉 리뷰를 부르는 감정 설계가 필요하다.

예를 들어 결제 후 1~2시간 뒤 자동으로 감사 메시지를 보내고, 그 안에 리뷰 안내를 함께 넣는 방식이 있다. 혹은 포장 용기에 '오늘도 좋은 하루 보내세요. 리뷰 한 줄이 큰 힘이 됩니다' 같은 짧은 문구를 넣는 것만으로도 충분한 유도 효과가 발생한다.

실제 운영자들은 이 과정을 점점 정교하게 만들어간다. 대표적인 사례가 '손 글씨 포스트잇'이다. 손님에게 직접 쓴 듯한 짧은 메모를 붙여 리뷰를 유도하는 방식이다. 다만 최근에는 이 방식도 흔해지면서 감동보다 진부함으로 받아들여지는 경우가 많아지고 있다. 이미 시중에는 손 글씨처럼 인쇄된 스티커를 대량 제작해 판매하는 업체도 늘어나고 있으며, 손님 입장에서는 이런 디테일조차 '정성'이 아닌 '패턴'으로 느껴지기도 한다.

따라서 이제는 더 독창적인 리뷰 설계가 요구된다. 리뷰를 요청하는 방식보다, 고객이 '자발적으로 쓰고 싶어지게 만드는 경험'에 집중해야 한다. 예를 들어, 요청 사항을 정리해두고 다음 주문 시 자연스럽게 반영해주는 것, 고객이 남긴 리뷰에 직접 피드백을 달아주는 것, 특정 메뉴에만 리뷰를 집중시켜 효율적으로 운영하는 것 등이 그 예다.

특히 중요한 건 '단골 리뷰'다. 모든 고객이 다 리뷰를 남기진 않지만, 매출의 80%를 만들어내는 상위 20% 고객이 남긴 리뷰는 파급력이 크다. 이들이 남긴 한 줄은 신규 고객에게는 추천 그 자체가 된다. 실제로 어떤 사장님은 고객 요청 사항을 프로그램에 메모해 두고, 다음 주문 시 "지난번에 덜 맵게 요청하셨죠? 오늘도 동일하게 준비했습니다"라는 식으로 응대한 결과, 해당 고객이 리뷰에 그 내용을 구체적으로 남기며 자연스럽게 가게의 신뢰도를 높여준 사례도 있다. 또한 각 배달앱마다 단골 고객들을 자동으로 분류해서 단골 쿠폰 발행 등의 관리 기능도 제공을 해주기 때문에 이러한 기능들을 활용하는 것도 좋다.

이런 리뷰 설계는 코로나 시기에 더욱 강화되었다. 대면 영업이 불가능해지며 배달앱이 유일한 매출 창구가 되었지만, 초기 입점 시에는 리뷰와 별점이 없어 주문이 잘 들어오지 않았다. 이때 사장님들이 택한 전략은 '감정 중심의 리뷰 유도'였다. 작은 간식 하나, 리뷰 알림 메시지, 요청 반영 메모 같은 디테일을 반복하며 고객에게 신뢰를 심어주었고, 이 결과 리뷰 수는 자연스럽게 늘었다. 일주일에 2~3건이던 리뷰가 20건 이상으로 늘어나면서 상단 노출 효과가 발생했고, 유입 또한 가시적으로 증가했다.

최근에는 리뷰 관리도 자동화되고 있다. 일부 포스 시스템에는 리뷰가 등록되면 실시간 알림이 뜨고, 사장이 직접 응답할 수 있게 돕는다. 또 재주문 고객이 등장했을 때 알림이 뜨도록 설정할 수 있어 응대 품질을 일정하게 유지하는 데 유리하다. 리뷰 이력을 통해 블랙리스트 고객이나 반복 요청 고객을 사전에 파악해 응대를 조절하는 사례도 늘고 있다.

리뷰 관리의 핵심은 평점 방어와 신뢰 구축이다. 4.8 이상을 유지하는 가게는 플랫폼 상단 고정, 추천 리스트 반영, 신규 유입 확대 등 다양한 혜택을 누릴 수 있지만, 4.5 이하로 떨어진 순간부터 유입은 급감한다. 또한 어찌 되었든 리뷰가 작성되면 고객에게 리뷰가 달렸다는 알림이 한 번이라도 더 가기 때문에 이러한 리뷰 답글은 초창기에 가게에서 할 수 있는 가장 강력한 마케팅 수단이 된다. 리뷰는 단순한 텍스트가 아니다. 고객이 느낀 감정의 기록이며, 가게와의 관계를 기억하는 장치다.

"여기는 내가 기억하는 그 가게야."

"지난번에도 정성스러웠지."

이런 감정을 남기는 데 성공하면, 고객은 자연스럽게 다시 찾아온다. 다시 말해 리뷰는 단골을 만드는 도구이자, 신규 고객을 유입시키는 전략이다. "메인 음식이 맛있으면 알아서 리뷰가 달리겠지"라는 생각은 이제 위험하다. 아무리 음식이 맛있어도, 감동을 주지 못하면 손님의 손가락은 움직이지 않는다. 최근에는 메뉴별로 리뷰 유도 포인트를 다르게 설계하거나, 계절별 이벤트 문구를 바꿔가며 고객의 피로감을 줄이는 방식도 활용된다. 리뷰는 가게 얼굴이자, 온라인 간판이다. 문 앞 간판은 사장님이 달지만, 검색에 뜨는 간판은 손님이 달아준다.

SNS는 브랜딩,
지도앱은 생존

요즘은 누구나 "사장님, 인스타 안 하세요?"라고 묻는다. 실제로 SNS 홍보를 '장사의 기본'처럼 여기는 분위기도 있다. 하지만 현실은 다르다. 인스타그램 피드에 공들일 시간에, 정작 지도에는 가게 정보조차 안 나오는 경우가 많다. 온라인 홍보는 감성 이전에 '기본'이 우선이다. SNS보다 먼저 해야 할 3가지가 있다. 이 기본이 안 되어 있으면, 인스타를 아무리 예쁘게 꾸며도 효과는 제한적이다. 고객은 홍보 콘텐츠보다, 접근성과 신뢰에서 먼저 판단한다.

지도앱에서 안 보이면 없는 가게나 마찬가지

가장 먼저 해야 할 일은 지도 등록이다. 손님이 내 가게를 찾아올 수 있도록 만드는 것이 우선이다. 생각보다 많은 사장님들이 카카오맵, 네이버 지도, 구글맵, 심지어 내비게이션 앱에조차 가게를 등록하지 않고 장사를 시작한다. 특히 배달 전문점, 무인 매장, 샵인샵, 테이크아웃 중심 매장은 더 자주 누락된다.

문제는 손님 입장에서 지도에 안 나오는 가게는 '없는 가게'로 인식된다는 점이다. 실제로 있었던 일이다. 한 손님이 친구의 가게를 찾아가려다 카카오맵에서 검색이 되지 않자, 인근에 뜬 다른 가게를 눌러 그냥 들어가 버렸다. 지도에 등록하지 않은 것 하나로 매출이 통째로 사라진 셈이다. 특히 요즘 고객은 "○○ 맛집"을 검색하지 않는다. 대부분은 '망원동 파스타', '익선동 카페'처럼 지역+음식 키워드로 검색하고, 상단에 뜬 3~4곳 중에서 결정한다. 이 검색 결과에 노출되지 않으면 선택조차 되지 않는다.

지도 등록은 단순히 위치를 보여주는 게 아니다. 검색 결과에 내 가게가 올라오도록 하는 '진입권'이다. 아무리 예쁜 인스타그램을 운영해도, 고객이 처음 접근하는 접점이 지도 검색이라면 그 기본부터 먼저 잡아야 한다. 인스타그램은 '브랜딩'이지만, 지도는 '접근성'이다. 접점이 없으면 브랜딩은 의미가 없다.

틀린 정보 하나가 매출을 막는다

다음으로 기본 정보의 최신화다. 지도에 가게를 등록만 해두고 방치하는 경우가 많다. 주소, 전화번호, 영업시간, 휴무일 정보가 실제 운영과 다르면, 그 순간 고객은 이탈한다. 특히 이런 실수는 주로 '배달앱 외부' 고객에게서 발생한다. 배달 플랫폼을 통해 들어오는 고객은 앱 안에 있는 정보를 보기 때문에 문제가 없지만, 네이버·카카오 지도나 구글 검색을 통해 찾아오는 손님은 등록된 정보에 따라 방문 여부를 결정한다. 이때 전화번호가 없거나, 영업 시간이 잘못되어 있거나, '오늘 휴무'로 되어 있으면? 손님은 "아, 여긴 안 하나보다" 하고 바로 이탈해버린다. 실제로 배달앱 외부 유입률이 높은 매장일수록 이런 정보 오류로 인한 매출 누수가 빈번하다. 네이버 플레이스, 카카오맵, 구글 비즈니스, 배달앱 모두의 정보를 주기적으로 점검해야 한다. 특히 매장 구조나 영업 시간이 바뀐 경우, 최소한 해당 플랫폼에는 직접 반영을 해줘야 한다. 또한 전화번호는 단순히 노출용이 아니라, 고객 신뢰의 기준이다. 연락이 되지 않으면 손님은 불안해진다. 단골 고객에게도 '이 가게는 항상 연락이 된다', '운영이 안정적이다'라는 인식을 주는 데 중요한 역할을 한다.

사진은 감성보다 정보 전달이 먼저

마지막으로 사진이다. 많은 사장님이 "사진은 인스타용으로 찍어야 한다"고 생각한다. 하지만 실제로 고객이 가장 먼저 보는 사진은 지도에 등록된 3~4장의 이미지다. 이 사진 몇 장으로 가게의 첫인상이 결정된다. 가장 필요한 사진은 단 세 장이다.

- 대표 메뉴 사진 1장

- 가게 외관 사진 1장
- 내부나 위치 안내 사진 1장

이 세 장만 있으면 고객은 '무슨 음식을 파는지', '어떻게 생긴 가게인지', '어디에 위치했는지'를 한 번에 이해할 수 있다. SNS 피드처럼 감각적인 구도와 보정이 필요하지 않다. 지금 가지고 있는 스마트폰으로 촬영해 올리는 것만으로도 충분하다. 특히 위치 안내 사진은 방문율을 좌우한다. 골목 안쪽이거나 2층, 지하처럼 눈에 띄지 않는 매장의 경우, 외관 사진 한 장으로 실제 방문까지 이어질 수 있다. "찾기 어려워서 그냥 돌아갔어요"라는 리뷰를 막는 가장 직접적인 방법이기도 하다.

사진이 부족하거나 오래되었을 경우, 구글 비즈니스에 자동 업로드되는 낯선 손님 사진들이 첫인상이 될 수 있다. 이런 사진은 메뉴와 상관없거나 흐릿한 경우가 많기 때문에 매장에서 직접 찍은 정확한 사진을 등록해두는 것이 훨씬 효과적이다.

정리하자면 인스타그램은 브랜딩 수단일 뿐이다. 하지만 손님이 가게를 '찾고', '연결되고', '신뢰할 수 있게 만드는 기본 세팅'은 따로 있다. 지도에 노출되는 것, 전화번호와 영업 시간이 정확한 것, 고객이 가게를 이해할 수 있게 사진이 올라간 것. 이 세 가지만 제대로 갖춰도 손님은 가게를 '선택'할 수 있다. 이 기본이 빠진 채로 SNS를 아무리 공들여도, 손님은 가게를 '접속'하지 못한다. 홍보는 감성이 아니라, 접근성과 신뢰에서 시작된다. 그 기반 위에 브랜딩이 올라가는 것이다. 그러니 인스타그램은 나중에 시작해도 늦지 않다. 기본부터 먼저 다져야 한다.

6부

장사는 잘되는데
왜 돈이 없지?

장사 잘되다 망하는 가게의 세 가지 특징

장사하다 보면 이런 장면을 자주 본다. 새로 연 가게에 손님이 줄 서 있고, 주변에서는 "이 집은 대박이네", "사장님 요즘 돈 좀 버시겠다"는 말이 들린다. 그런데 몇 달 뒤, 같은 자리를 지나가 보면 상황이 완전히 달라져 있다. 간판이 바뀌었거나, 가게 자체가 없어졌거나, 한때 줄 서던 모습은 온데간데없다. 물론 오픈 초반의 인기를 꾸준히 이어가며 자리를 잡는 가게도 있다. 하지만 그런 경우는 드물다. 대부분은 반짝 인기를 유지하지 못하고 무너진다.

장사가 잘된다고 해서 그게 오래갈 거라는 보장은 없다. 왜 이런 일이 반복될까? '잘 팔리는 가게'와 '잘 남는 가게'는 다르다. 이걸 구분하지 못하면 장사가 잘되던 그 순간부터 무너지는 구조로 바뀌게 되는 것이다. 10년 넘게 자영업을 하면서 수많은 가게의 오픈과 폐업을 봐왔다. 그 과정에서 공통적으로 반복되는 실패 원인이 있었다. 그중 특히 자주 등장하는 세 가지 실수를 살펴보자.

손익 계산 없이 감으로 버틴다

창업 전에 메뉴를 정하고, 인테리어를 고르고, 상권을 고민하는 데는 몇 달을 쓰면서도, 정작 숫자 계산은 안 하는 사장님들이 많다. 하루에 얼마를 팔아야 손해 안 보고 버틸 수 있는지, 원가는 얼마나 쓰는지, 고정비는 한 달에 얼마가 빠지는지 물어보면 대부분 "아직 정확히 계산 안 해봤어요"라는 답이 돌아온다.

처음에는 매출이 조금만 나와도 "일단 버틸 수 있으니까"라며 넘어간다. 그런데 장사가 좀 잘되기 시작하면 이상한 일이 벌어진다. 손님은 많은데, 통장에는 여전히 돈이 없다. 이때 대부분의 사장님이 하는 말이 있다.

"바쁘기는 한데 왜 이렇게 돈이 안 남지?"

답은 간단하다. 구조가 안 맞기 때문이다. 손익분기점을 모른 채 장사를 하면, 매출이 늘수록 적자가 커지는 구조가 될 수도 있다. 예를 들어보자. 한 달 고정비가 740만 원이고, 원가나 배달 수수료 같은 변동비가 매출의 48%라고 가정해보자. 손익분기점의 공식은 고정비 ÷ (1 - 변동비율)이다. 그러니 다음과 같은 결과가 나온다.

$$740만 \div (1 - 0.48) = 약\ 1{,}423만\ 원$$

즉, 한 달에 1,423만 원은 팔아야 겨우 본전이다. 하루 30일 기준이면 하루 약 47만 원. 커피 한 잔 1,500원이라고 치면 하루 313잔은 팔아야 적자가 안 나는 수준이다. 여기서부터가 이익 구간이다. 그런데 이 계산 없이 "요즘 손님 많으니까 괜찮겠지"라고 생각하는 경우가 많다. 그러다 보면 언젠가부터 인건비가 부담되고, 재료비가 밀리고, 통장이 바닥난다. 그제야 "대체 뭐가 문제지?" 하며 손익을 다시 들여다보게 된다.

이런 흐름은 특히 SNS 입소문이나 배달앱 이벤트로 일시적으로 매출이 치솟았던 가게에서 많이 나타난다. 손님은 몰렸지만 마진은 거의 남지 않았고, 그 매출을 맞추기 위해 인건비만 더 들어간 상황이다. 장사는 결국 '얼마에 팔까?'보다 '얼마를 남기느냐'가 먼저다. 팔기 전에 계산부터 해야 한다. 안 그러면 잘되던 장사가 오히려 망하는 출발점이 될 수도 있다.

장사 좀 된다고 바로 확장부터 한다

가게가 어느 정도 자리를 잡으면 대부분이 '이제 2호점도 해볼까?'라는 생각을 한다. 이건 자연스러운 고민이다. 문제는 시기와 자금 구조다. 이걸 고려하지 않고 너무 빨리 움직이면 잘되던 1호점이 같이 무너지는 구조가 생긴다. 처음 가게가 잘된 건 운도 있고, 위치도 좋았고, 집중도도 있었다. 그런데 2호점은 그 조건이 전혀 다를 수 있다. 대부분의 경우 1호점만큼의 품질·관리·집중력을 유지하지 못하면서 수익률이 급격히 떨어진다.

실제로 한 지인은 1호점 편의점이 자리를 잘 잡자 오픈 6개월 만에 2호점을 냈다. 문제는 상권 분석도 안 하고 단지 "자리가 괜찮아 보이니까"라는 이유로 결정했다는 것. 결과는 처참했다. 유동 인구가 예상보다 훨씬 적었고 구조도 비효율적이었다. 결국 1호점에서 나는 수익으로 2호점 적자를 메꾸는 일이 반복됐고 1년도 안 돼 문을 닫았다. 그 과정에서 위약금과 정리 비용만 1억 원 가까이 나갔다. 차라리 그 돈으로 1호점을 리뉴얼하거나 매출에서 나오는 여유 자금을 현금성 자산으로 쥐고 있었다면 기회가 올 때 더 유연하게 대응할 수 있었을 것이다.

확장 외에도 조심해야 할 게 하나 더 있다. 바로 소비 패턴의 변화다. 장사가 잘되기 시작하면 사장님의 지출이 눈에 띄게 달라진다. 외제 차 리스를 하고, 고급 시계를 사고, 비싼 가전과 사무실 집기를 바꾸고, 고급 레스토랑 회식이나 해외여행도 늘어난다. 문제는 대부분 이 소비가 현금이 아니라 리스·할부라는 점이다. 매출이 조금이라도 흔들리면, 이 리스·할부금이 고정비처럼 매달 부담된다. 특히 차량 리스나 고급 장비는 한 번 지르면 되돌리기 어렵다. 그래서 장사가 주춤하면 제일 먼저 소비를 줄여야 하는데 그때는 이미 늦은 경우가 많다.

장사는 결국 확장보다 유동성이 더 중요하다. 확장을 고민할 시점이라면 최소 6개월 이상 손익 구조가 안정적이어야 하고 초기 투자금의 절반 이상은 현금으로 쥐고 있어야 한다. 이 조건이 안 되면 확장은 '성장'이 아니라 '몰락의 가속'이 될 수 있다.

번 돈으로 도박 같은 투자를 한다

장사로 돈이 좀 모이면 누구나 이런 생각이 든다. "이제 돈이 돈을 벌게 만들어야지." 그래서 주식, 부동산, ETF, 코인 같은 투자처에 자연스럽게 눈이 간다. 이 자체가 문제는 아니다. 문제는 고위험 투자에 큰돈을 무리하게 넣는 경우다. 미국 3배짜리 레버리지 ETF인 TQQQ, SOXL, 혹은 갓 상장한 잡코인이나 급등 테마주에 사장님들이 몰리는 이유는 똑같다. "이거 한 번만 터지면 장사보다 훨씬 빠르게 벌 수 있을 것 같아서"다. 그런데 여기서 진짜 위험한 건 손해 자체보다 멘탈이 무너지는 구조다. 투자에 실패하면 스트레스가 몰려오고, 본업에 집중을 못하게 된다. 손님 응대나 직원 관리에도 티가 난다. 장사는 하루하루 디테일이 중요한 일인데, 정신이 다른 데 가 있으면 관리가 무너진다. 그게 결국 매출로 이어진다.

실제 한 자영업자는 코인 투자 실패 이후, 장사 자체를 접었다. 매출이 줄어서가 아니었다. 손님 얼굴 보기가 싫어졌고 사람 만나는 게 지쳤다고 했다. 실패한 건 코인이었지만, 무너진 건 자존감과 멘탈, 그리고 가게였다. 자영업자도 투자할 수 있다. 하지만 반드시 여유 자금으로 해야 하고, 무엇보다 본업과 충돌되지 않는 구조를 만들어야 한다. 장사 자체가 이미 변동성이 큰 일이기 때문에 자영업자의 투자는 오히려 보수적으로 접근해야 살아남을 수 있다.

이처럼 장사가 무너지는 이유는 대부분 매출이 아니라 구조 때문이다. 손익 계산 없이 버티고, 벌자마자 확장하고, 감정에 끌려 투자하면 겉으로는 잘되는 듯 보여도 속은 이미 무너지고 있다. 장사가 잘될수록 더 자주 구조를 점검해야 한다.

- 지금도 매달 손익 계산을 하고 있는가?
- 매출이 떨어져도 고정비는 감당 가능한가?
- 돈이 들어올 때, 그걸 어디에 써야 가게가 더 발전할 수 있을까?

살아남는 가게는 얼마 파느냐보다 '어떤 구조로 버티느냐'를 먼저 챙긴다. 구조 없이 버티는 장사는 매출이 늘어도 언젠가는 무너진다.

장사는
숫자가 아니라 심리

장사하다 보면 이런 질문 자주 듣는다.

"사장님, 이거 너무 비싼 거 아니에요?"

그런데 똑같은 메뉴를 똑같은 가격에 팔았는데 다른 손님은 "이 가격에 이 정도면 싸네요"라고 말한다. 결국 가격이라는 건 숫자가 아니다. 소비자가 느끼는 '느낌'의 문제다. 자영업자 입장에서 가격을 정할 때 제일 먼저 떠올리는 건 원가율이다. 커피 한 잔에 들어가는 재료비 계산하고, 몇 잔 팔아야 본전 나오는지 따진다. 그걸 기준으로 가격을 잡는다. 그런데 손님은 그런 식으로 가격을 보지 않는다. 원가가 얼마인지 관심도 없다. 손님이 가격을 판단하는 기준은 심리적이다. 그 기준은 생각보다 복잡하다. 예전에 비슷한 메뉴를 얼마에 샀는지, 이 동네 평균 가격은 얼마인지, 가게 분위기,

포장 상태, 사장의 태도까지 다 합쳐져서 머릿속에 '이 정도면 적당하다'는 느낌을 만든다. 그게 바로 '기준점'이다. 가격이 비싸게 느껴지느냐, 싸게 느껴지느냐는 이 기준점에 따라 갈린다.

손실 회피의 법칙: 고객은 손해 보기 싫어한다

장사하다 보면 가격 반응이 참 재밌다. "이 정도면 싼 편 아닌가?" 하고 내놓은 가격에 비싸다는 반응이 오고, 반대로 '좀 비싼데' 싶었던 가격에는 오히려 더 잘 팔리는 경우도 있다. 결국 가격은 절대적인 숫자가 아니라, 고객이 그 순간 어떻게 느끼느냐에 따라 전혀 다르게 받아들여진다.

그중에서도 자영업자가 꼭 알아야 할 심리가 하나 있다. 바로 '손해 보기 싫어하는 마음'이다. 사람은 뭔가를 얻는 것보다 잃는 걸 더 크게 느낀다. 같은 1만 원이라도 벌었을 때보다 잃었을 때 훨씬 더 강하게 반응한다. 그래서 "이거 사시면 1,000원 할인됩니다"보다 "지금 안 사면 이 혜택은 사라집니다"라는 말이 훨씬 더 효과가 크다. 똑같은 금액 차이인데도, 말 하나 바뀌었을 뿐인데도, 고객 행동은 완전히 달라진다.

실제로 이런 장면은 자주 나온다. 정가보다 10% 싸게 내놓은 상품에는 아무 반응 없던 손님이 '오늘까지만 할인'이라는 문구 하나 보고 갑자기 지갑을 연다. 고작 500원 차이인데도, '놓치면 손해일 것 같은 느낌'이 행동을 바꾸는 것이다. 고객은 '싸서 산다'기보다는

'지금 안 사면 손해일 것 같아서' 산다. 이 차이를 이해하면, 가격 전략이 달라진다.

그래서 프랜차이즈나 유통업체는 '이번 주까지만', '선착순 50개', '다음 주부터 가격 인상' 같은 문구를 계속 쓴다. 조건 자체는 별로 안 바뀌어도, 문구 하나로 고객은 머릿속에서 "지금 사야겠다"는 결론을 스스로 내리게 된다. 그 문장이 단순한 광고 문구가 아니라, 고객의 본능을 건드리는 장치라는 걸 알기 때문이다.

이 심리를 자영업자가 어떻게 활용할 수 있을까? 핵심은 가격 자체를 낮추는 게 아니라, 지금 결제하지 않으면 놓치는 게 있다는 느낌을 주는 거다. 가령 카페라면 '아메리카노 500원 할인'보다 '이번 주 지나면 다시 정상가로 돌아갑니다'가 더 낫다. 미용실이라면 '10% 할인 이벤트'보다 '이번 달까지만 이 가격에 시술 가능합니다'가 더 잘 먹힌다. 배달도 마찬가지다. '배달비 무료'보다 '이번 달만 0원, 다음 달부터는 3,000원'이라고 안내하는 편이 효과가 크다. SNS 마케팅이나 쿠폰 이벤트도 대부분 이런 흐름을 따른다. 가격 자체보다 '기간', '수량', '지금만' 같은 한정 조건에 집중한다. 이 모든 게 손해를 회피하려는 본능을 건드리기 위한 설계다.

다만 주의할 점도 있다. 이런 전략은 너무 자주 쓰면 무뎌진다. '오늘까지만'을 매주 반복하면 손님은 어느 순간부터 이걸 '늘 있는 말'로 받아들인다. 놓친다는 감정이 사라지면 전략도 소용없다. 그래서 타이밍과 진정성이 중요하다. 줄 땐 확실하게, 아닐 땐 안 주는 게 낫다.

장사가 안 된다고 무턱대고 할인부터 하는 경우가 있는데, 고객은 할인 금액보다 '지금 사야 하는 이유'를 더 중요하게 본다. 똑같은 1,000원 차이라도 할인처럼 보이게 하느냐, 손해처럼 느끼게 하느냐에 따라 반응은 완전히 달라진다.

결국 장사에서 가격은 숫자의 문제가 아니다. 감정을 어떻게 설계하느냐의 문제다. 사람은 손해 보기 싫어한다. 이 본능을 제대로 이해하고 가격 전략에 녹여낼 수 있다면, 그 가게는 단순히 저렴한 가게가 아니라, '지금 안 사면 손해 보는 가게'가 된다.

앵커링 효과: 기준을 먼저 잡는 자가 가격을 지배한다

고객은 물건의 가격을 숫자 그 자체로 보지 않는다. 먼저 본 숫자가 머릿속에 기준으로 자리 잡고, 이후 판단은 전부 그 기준에 맞춰 상대적으로 이뤄진다. 이걸 앵커링 효과라고 부른다. 사람의 판단은 처음 본 숫자에 닻을 내리고, 그 기준 안에서만 움직이게 된다는 뜻이다.

이 심리는 행동경제학의 대표적인 개념이기도 하다. 대니얼 카너민과 아모스 트버스키는 참가자들에게 전혀 무관한 숫자를 먼저 보여준 뒤 그 숫자가 이후의 가격 추정이나 판단에 어떻게 영향을 미치는지 실험으로 입증했다. 배가 닻을 내리면 그 주변만 맴도는 것처럼, 사람도 처음 마주한 숫자에 인식이 고정되는 경향이 있다는 것이다.

이 효과를 가장 적극적으로 활용하는 곳이 대형 마트다. 9,800원짜리 제품을 6,900원에 팔면서 굳이 '정상가 9,800원'이라고 크게 써서 붙이는 이유도 여기에 있다. 고객은 실제 가격보다 "3,000원 싸졌다"는 느낌에 더 반응한다. 숫자 자체보다, 처음 보여준 기준에 비해 '싸 보이느냐'가 훨씬 더 중요하게 작동하는 것이다.

자영업도 이 전략을 충분히 응용할 수 있다. 대표적인 게 메뉴판 배치다. 고가 메뉴를 가장 먼저 보여주거나, 프리미엄 옵션을 위에 배치하는 방식이 효과적이다. 예를 들어 어떤 브런치 가게에 세 가지 메뉴가 있다고 해보자.

> 트러플 머쉬룸 에그 베네딕트   15,900원
> 쉬림프 아보카도 오믈렛   13,900원
> 클래식 프렌치 토스트 세트   11,900원

고객은 대부분 중간 가격대인 13,900원 메뉴를 고른다. 가장 비싼 메뉴가 닻 역할을 하면서 기준점을 높여주기 때문에, 그 아래 메뉴는 상대적으로 '합리적인 선택'처럼 느껴지기 때문이다. 이처럼 잘 설계된 메뉴판은 고객이 스스로 선택했다고 생각하게 만들면서도, 사실은 사장님이 유도한 가격대로 자연스럽게 움직이게 만든다.

이 전략은 특히 단가가 높은 세트 메뉴에서 더 효과적이다. 고깃집 세트 구성, 샤브샤브, 이자카야처럼 코스 가격이 중요한 업종은 체감 가성비가 메뉴 배치에 따라 확 달라진다. 예를 들어 2인 세트 29,000원, 3인 세트 45,000원, 4인 세트 62,000원으로 구성하면, 대부분의 고객은 2인 세트에 몰린다. "1인당 15,000원도 안 되네?"라는 식의 심리적 기준이 작동하는 것이다.

이처럼 앵커링은 단순히 숫자의 문제가 아니다. 어디에, 어떤 순서로, 무엇을 먼저 보여주느냐의 싸움이다. 고객은 가격표만 보는 게 아니다. 가격이 어떻게 배치돼 있고, 어떤 가격과 나란히 놓여 있는지를 함께 본다.

예를 들어 음료 메뉴판에서 8,500원짜리 프리미엄 라떼가 맨 위에 나오고, 바로 밑에 6,000원짜리 스무디가 있으면 스무디가 적당한 가격처럼 느껴진다. 단독으로 보면 비싸 보일 수도 있는 가격인데도 위에 더 비싼 기준이 깔리면서 자연스럽게 가격 저항이 줄어드는 것이다. 결국 가격은 누가 먼저 기준을 제시하느냐에 따라 인식이 완전히 달라진다. 그 기준을 사장이 먼저 제시하면, 가격의 주도권도 사장이 가져간다.

프레이밍 효과: 같은 정보도 다르게 느껴진다

똑같은 사실도 어떻게 보여주느냐에 따라 고객 반응은 완전히 달라진다. 이걸 행동경제학에서는 '프레이밍 효과'라고 부른다. 같은 정보를 어떻게 포장해서 제시하느냐에 따라, 소비자의 판단과 행동이 달라진다는 심리 현상이다. 예를 들어 똑같은 우유에 '지방 10% 함유'라고 적으면 왠지 몸에 안 좋을 것 같은데 '90% 무지방'이라고 쓰면 건강한 이미지가 먼저 떠오른다. 내용은 같지만 고객은 완전히 다르게 받아들인다. 이런 차이가 결국은 구매로 이어진다. 이건 단순한 문장 차원이 아니라, 지갑을 여는 타이밍을 바꾸는 심리 장치다.

장사에서도 마찬가지다. 커피를 3,900원에 팔 때, 단순히 가격만 적어두면 손님은 '이게 비싼 건가, 싼 건가' 애매하게 느낀다. 반면 "직접 로스팅한 원두를 사용하는 프리미엄 커피입니다"라고 설명을 붙이면 같은 가격도 합리적으로 느껴진다. 가격 자체보다, 그 가격이 어떤 맥락에서 제시되느냐가 더 중요하다.

할인 행사에서도 프레이밍 효과는 강력하게 작용한다. '10% 할인'보다 '5,000원 절약'이라는 문구가 더 강하게 와 닿는 경우가 많다. 특히 단가가 낮은 상품일수록 퍼센트보다 실제 금액을 강조하는 편이 체감 효과가 훨씬 크다. 사람은 숫자의 절대값보다, '손해 보지 않은 느낌'을 더 크게 기억한다.

세트 메뉴 구성도 마찬가지다. 낱개 가격을 먼저 보여준 뒤 '단품으로 주문 시 24,000원, 세트로는 19,000원'이라고 쓰면, 손님은 세트를 훨씬 더 이득처럼 느낀다. 같은 가격이라도 어떤 순서로 제시하느냐에 따라 체감 가성비가 완전히 달라진다.

이처럼 프레이밍은 단순한 언어 선택이 아니다. 가격은 숫자가 아니라 맥락으로 전달된다. "원가가 많이 들어서 비쌉니다"라는 설명보다 "이 정도 퀄리티는 이 가격 아니면 어렵습니다"라는 말이 훨씬 설득력 있다. 고객은 같은 가격도 설득력 있게 제시되면 합리적인 소비로 받아들이고, 아무 설명 없이 숫자만 보여주면 막연한 거부감부터 느낀다.

자영업자 입장에서 이 작은 표현의 차이가 결국 매출의 차이로 이어진다. 가격 전략은 단순히 숫자를 정하는 일이 아니다. 고객이 누구인지, 무엇을 기준으로 가격을 판단하는지, 어떤 상황에서 지갑을 여는지를 읽어야 한다. 지금 우리 가게는 이 기준을 얼마나 잘 설정하고 있을까? 한 번쯤 이런 질문을 던져보자.

- 우리 가게의 '기준점 메뉴'는 무엇인가?
- 고객은 우리 가격을 누구와 비교하고 있는가?
- 우리 가게를 선택하지 않으면 고객이 어떤 손해를 느낄 수 있는가?

이 질문의 답이 가격 구조를 다시 설계할 출발점이 될 수 있다.

가격 인상과 세일은
타이밍의 예술

　자영업을 하다 보면 꼭 맞닥뜨리는 숙제가 있다. 도대체 가격을 언제 올려야 할지, 세일을 하면 손님이 늘어날지, 아니면 가게 이미지만 떨어질지 고민하게 된다. 이건 단순히 숫자의 문제가 아니다. 자영업에서 가격은 금액보다 고객의 거부감을 최소화하는 심리와 타이밍의 문제다. 인상폭은 같아도 타이밍이 좋으면 "이해할 수 있어"라는 반응이 나오고, 시기를 놓치면 "이 집 왜 이래?" 하며 단골이 떠날 수 있다.

　세일도 마찬가지다. 지나가던 손님을 끌어들이려다, 오히려 '할인 없으면 안 가는 가게'라는 이미지가 굳어버릴 수 있다. 자영업자 입장에서는 어쩔 수 없는 선택이었겠지만, 고객 입장에서는 맥락 없는 숫자 변화로만 보이기 때문이다.

가격 인상은 명분이 있어야 한다

창업 초기에 손님을 모으기 위해 저렴하게 시작하는 경우가 많다. 원가를 줄이고 마진을 적게 남기더라도 일단 가게를 알리는 게 중요하기 때문이다. 하지만 시간이 지나면서 고정비는 올라가고, 재료비도 인상된다. 문제는 그동안의 낮은 가격이 고객의 기준점으로 굳어진다는 것이다. 가격을 올리려는 순간 고객은 변화를 민감하게 느끼고 판단한다.

이럴 때 중요한 건 단순히 재료비가 올랐다는 말이 아니라, 고객이 체감할 수 있는 변화 요인을 함께 전달하는 것이다. 예를 들어 "기존 브라질 원두에서 에티오피아 G1 등급의 싱글 오리진으로 바뀝니다. 이에 따라 아메리카노 가격이 4,200원에서 4,700원으로 조정됩니다." 이렇게 안내하면 고객은 가격 자체보다 이유와 가치에 주목하게 된다.

반면 "인건비랑 재료비가 올라서요"라고 말하면 고객은 '그게 나랑 무슨 상관이야?'라는 반응을 보일 수 있다. 사장님의 사정은 이해해도 소비자로서는 내게 돌아오는 가치를 느끼지 못하면 납득이 어렵다. 중요한 건 가격 인상이 더 나아진 무엇과 함께 와야 한다는 점이다. 매장을 리뉴얼했거나, 서빙 방식을 개선했거나, 위생 시스템을 강화했거나 하는 식의 구체적인 변화가 설득력을 만든다.

2024년 10월, 메가커피는 10년 넘게 유지해온 가격을 처음으로 조정했다. 당시 메가커피는 "고물가와 환율 상승, 가맹점 수익성 확보를 위한 불가피한 조치"라고 공지하며, 인상이 아닌 보호를 위한 결정이라는 메시지를 전했다. 일부 제품의 원재료를 업그레이드하며 품질 향상이 동반된 가격 인상이라는 점을 강조한 것도 소비자의 수용을 이끌어낸 이유였다. 이런 변화는 구체적으로 보여주고, 설명해야 한다.

"매장 청결 점검을 강화하고 고객 만족도 조사 결과를 반영해 전반적인 서비스를 개선했습니다. 그에 따라 일부 메뉴 가격이 조정됩니다."

이런 식의 정중하고 진심 어린 설명은 브랜드에 대한 신뢰를 높이고, 단골 고객의 충성도를 지켜준다. 그리고 무엇보다 중요한 건 사전 공지다. 인상일이 다가오기 전에 공지문을 붙이고, 단골에게는 문자라도 보내두면 고객은 "적어도 예고는 해줬다"는 인식을 갖는다. 이 작은 차이가 단골 이탈을 막고 가게 이미지를 지키는 데 결정적인 역할을 한다.

세일은 '목적 없는' 세일이 더 위험하다

세일은 강력한 전략이 될 수 있지만, 방향 없이 진행하면 오히려 브랜드를 망가뜨릴 수 있다. 가장 흔한 실수가 '그냥 매출이 안 나와서' 시작하는 세일이다. 목적 없이 내건 할인은 고객에게 불안감을 준다. "이 집 요즘 왜 이래? 장사 안 되나 보네"라는 생각이 들게 만든다. 그 순간 손님은 가게의 가격에 대한 신뢰를 잃고 '할인 안 하면 안 가는 가게'로 기억하게 된다. 중요한 건 타이밍이 아니라 명분이다. 예를 들어 '신메뉴 출시 기념 1,000원 할인', '여름 리뉴얼 오픈 기념 단골 감사 할인', '카카오 채널 친구 한정 할인 쿠폰'처럼 세일에는 이유가 있어야 한다. 계기와 대상을 명확히 설정하면, 고객 입장에서는 단순한 가격 인하가 아니라 브랜드가 준비한 이벤트로 받아들인다.

실제로 도미노피자는 단순 매출 부진으로는 세일을 하지 않는다. 언제나 '신제품 출시', '멤버십 고객 한정', '카카오 채널 전용 쿠폰'처럼 명확한 이유를 내세운다. 여기에 '이번 주말까지', '선착순 100명', '딱 일주일만' 같은 기간 한정과 대상 한정 전략을 더하면 고객은 할인보다는 그 '기획된 경험'에 주목하게 된다. 세일은 짧고 강하게, 이벤트처럼 보여야 효과가 있다. 단, 이런 이벤트를 너무 자주 하면 세일에 대한 기대감이 무뎌지고, 오히려 브랜드 피로도만 쌓인다.

또 하나 중요한 건 할인율이 아니라 '구성'이다. 단순히 10% 깎는 것보다 '세트 구매 시 디저트 제공', '후기 작성 시 음료 쿠폰 증정'처럼 가치를 추가해주는 방식이 고객에게는 훨씬 매력적으로 다가온다. 브랜드 이미지도 지킬 수 있고, 만족도도 높다. 프리미엄 커피 브랜드 폴바셋은 'WonderPaul Day'라는 프로모션을 운영하며 이런 전략을 잘 활용하고 있다. 오후 2시부터 5시 사이에 특정 메뉴를 구매하면 아메리카노를 3,000원에 제공하는 구성형 할인을 통해 특정 시간대 방문을 유도하고 주력 메뉴와의 묶음 판매를 유도한다. 이는 단순한 가격 인하가 아니라 비수기 타임의 회전율을 끌어올리고, 고객의 만족도를 유지하며 브랜드 가치를 지키는 방법이다.

가격 전략은 결국 '타이밍의 예술'

가격은 단순한 숫자의 문제가 아니다. 고객에게 그 숫자가 '언제', '어떻게', '누구에게' 보여지느냐에 따라 반응이 달라진다. 자영업에서 가격 전략은 결국 타이밍의 예술이다. 가격은 고객 만족도가 높을 때 올려야 하고, 세일은 매출이 떨어질 때 전략적으로 써야 한다. 예를 들어 "양도 많고 퀄리티도 좋다"는 리뷰가 자주 달리는 시점은 가격을 올릴 수 있는 타이밍이다. 이때 500원, 1,000원을 인상해도 고객은 "이 정도면 올릴 만하지"라는 반응을 보인다. 반면 서비스 품질에 대한 불만이 있는 상황에서 가격을 올리면 '왜 올렸지?'라는 반발이 생긴다. 가격 인상은 서비스 만족도와 브랜드 이미지가 정점에 있을 때 단행해야 한다.

세일은 반대로 손님 수는 많지만 객단가가 낮거나 전환율이 떨어질 때 유효하다. 예를 들어 손님 대부분이 아메리카노 한 잔만 마시고 나간다면, 디저트 할인이나 세트 유도형 프로모션을 통해 단가를 끌어올릴 수 있다. 비수기이거나 경쟁 매장들이 이벤트를 자주 여는 시점에도 단기 세일이 효과적이다. 중요한 건 할인 폭이 아니라 시점과 설계다. 가격은 한 번 내리면 다시 올리기 어렵기 때문에, 금액을 단순히 낮추기보다는 구성이나 조건을 조절하는 편이 낫다.

예를 들어보자.

- 오후 2시~5시 방문 고객 한정 디저트 증정
- 1만 원 이상 주문 시 사이드 메뉴 무료
- 단골 전용 쿠폰북 제공

이런 구성은 실제 금액을 낮추지 않으면서도 고객에게 혜택을 받았다는 심리적 만족을 준다. 고객은 싸서 반응하는 게 아니라 '대접받는 느낌'에 반응한다.

또 하나 중요한 건 브랜드의 가격 포지셔닝이다. 동네에서 가장 저렴한 커피집으로 인식된 매장은 가격을 조금만 올려도 이탈이 크다. 반면 조금 비싸도 분위기 좋고 커피가 맛있다는 인식이 있는 매장은 오히려 소폭 인상이 브랜드 이미지를 더 강화할 수 있다. 즉, 가격은 브랜드의 '위치'를 올리는 수단이 되기도 하고, 잘못된 인식을 고착시키는 요인이 되기도 한다. 결국 자영업에서 가격은 단순히 싸고 비싼 게 아니라 고객이 그 가격을 어떻게 받아들이느냐의 문제다. 중요한 건 숫자가 아니다. 그 숫자를 어떻게 설계하느냐다.

7부

새어나가는
돈을 줄여라

양도양수 전 반드시
확인해야 할 진짜 순이익

　창업을 준비하는 자영업자들 중 상당수는 기존 매장을 인수하는 방식으로 장사를 시작한다. 신규로 상가를 계약하고 인테리어를 하여 창업하는 데는 평균 수천만 원의 초기 비용이 들어가지만, 양도양수를 통해 기존 매장을 인수하면 초기 세팅 비용을 줄일 수 있다는 장점이 있다. 특히 매출이 일정 수준 나오는 매장이라면 검증된 자리라는 생각에 비교적 안심하고 인수하려는 창업자들도 많다.

　그러나 이 구조에는 함정이 있다. 겉으로 보이는 매출 수치와 실제 손에 남는 수익은 다르며, 대부분의 양도 매물 정보는 매장 운영자의 입장에서 유리하게 포장되어 있다는 것이다. 최근 자영업 커뮤니티만 들어가 봐도 하루 수백 건의 양도 매물이 올라오고 있다. 피자, 치킨, 카페는 물론 고깃집, 샌드위치 전문점 등 업종을 가리지 않는다. 양도 사유 역시 각양각색이지만, 내용을 들여다보면 공통된 패턴이 있다.

1) 양도 사유를 곧이곧대로 믿지 말자

'건강 악화', '개인 사정', '가족 간의 문제'는 양도 매물에 자주 등장하는 표현이다. 이 중에서도 '건강이 안 좋아져서 아깝지만 매장을 내놓는다'는 멘트는 가장 자주 보이는 문구다. 물론 실제로 건강 문제로 가게를 정리하는 경우도 있다. 하지만 매출이 안정적으로 발생하는 매장이라면, 사장이 직접 일하지 않아도 직원들만으로도 충분히 운영이 가능하다.

실제로 서울 마포구에서 카페를 운영했던 한 사장은, 가게를 내놓으면서도 본인은 다른 지역에서 새로운 브랜드를 준비 중이었다. 겉으로는 건강 이유라고 했지만, 실상은 임대료 인상과 배달 매출 급감이 이유였던 것이다. 이처럼 건강 문제는 외부에서 검증이 어렵고, 설명하기에도 편한 이유이기 때문에 '상황을 부드럽게 포장하는 용도'로 자주 사용된다. 양수 예정자 입장에서는 이런 사유 하나로 절대 안심해서는 안 된다.

2) '부부가 같이 하면 좋습니다'라는 말의 진짜 의미

이 문장은 언뜻 듣기에는 아무 문제가 없어보이는 문구이다. 하지만 현실은 다르다. 해당 멘트가 포함된 경우, 인건비 부담이 심해 사장이 직접 10~12시간 이상 매장에 붙어 있어야 수익이 나오는 구조일 가능성이 높다. 한 예로, 경기도 남양주에서 양도된 한 분식집은 "부부가 함께 운영하면 순익 400만 원 가능"이라는 멘트를 광고에 넣었다. 실제 양수자가 인수해 3개월간 운영한 결과, 인건비를 계산에 포함하면 본인의 인건비도 건지지 못했다. 사장이 매장에 풀타임으로 붙어 있고, 배우자까지 서빙과 조리를 도와야 겨우 흑자였던 구조였다. 즉, 가족이라는 노동력을 갈아 넣지 않으면 수익이 나오지 않는 구조인 것이다.

게다가 가족 간의 갈등도 무시할 수 없다. 장사를 함께하다 보면 역할 분담, 책임 소재, 휴무 문제 등에서 의견 충돌이 잦다. 기대가 크기 때문에 실망도 커지고, 관계가 틀어지는 사례도 적지 않다.

3) 권리금 조정 가능? 오히려 의심해야 한다

권리금 5,000만 원 매물에 전화를 했더니 "조금 조정해드릴 수 있습니다"라는 답변이 돌아온다. 겉으로는 친절한 제안이지만, 속내는 다를 수 있다. 정상적인 매출이 나오는 매장은 굳이 권리금을 조정하지 않는다. 자신이 있는 사장은 오히려 "조정은 어렵습니다. 안 팔리면 제가 계속 운영하겠습니다"라고 말한다.

경기 일산의 한 고깃집 매물은 권리금 8,000만 원에서 2주 만에 5,000만 원으로 떨어졌고, 이후 3,500만 원에 거래됐다. 양수자는 운이 좋았다고 생각했지만, 인수 2개월 후 주변 오피스 상권의 폐점으로 유동 인구가 줄어 매출이 급감했고, 결국 본인도 6개월 후 폐업했다. 권리금이 쉽게 깎이는 매물은 급매일 가능성이 크고, 그 배경에는 대부분 '장사가 안 되는 이유'가 숨어 있다.

4) 포스 매출만 믿고 계약하면 안 된다

많은 양도자는 포스 매출 내역을 제시하며 매출을 증명하려 한다. 그러나 이 또한 주의해야 한다. 양도 직전 몇 달간 할인 이벤트를 과도하게 하거나, 배달팁을 무료로 제공하는 식으로 인위적인 매출 상승을 유도하는 경우가 많다. 즉, 일시적으로 매출이 좋아 보이게 세팅해놓는 것이다.

보다 정확한 방법은 매장에 며칠간 직접 상주하며 실제 매출 흐름을 관찰하는 것이다. 이것이 어렵다면 최소한 3개월 치 카드 매출, 배달앱 정산서, 4대 보험 가입 현황, 임대차 계약서 등 실질 자료를 요구해야 한다. 양도자가 이 요구를 거절하거나, 꺼린다면 굳이 리스크를 지고 계약할 필요 없이 다른 물건을 찾아보면 된다. 요즘 자영업 시장은 양수자 우위 시장이기 때문에 굳이 매물 하나에 목매일 필요가 전혀 없다.

5) 권리금은 어떻게 계산해야 하나?

권리금은 단순히 "얼마를 달라는지"가 중요한 것이 아니라, 어떤 요소로 구성되어 있고 각 항목이 어떤 기준으로 평가되는지를 이해해야 정확한 판단이 가능하다. 권리금은 보통 바닥권리금, 시설권리금, 영업권리금 세 가지로 나뉘며, 각 항목의 가치 산정 기준을 구체적으로 따져봐야 한다.

바닥권리금은 말 그대로 '그 자리에 있는 것 자체'의 가치다. 해당 점포가 위치한 상권의 유동 인구, 가시성, 접근성, 경쟁 환경에 따라 달라진다. 예를 들어, 강남역 사거리 코너 건물 1층은 어떤 업종이 들어와도 기본적인 유동이 확보되기 때문에 바닥권리금이 높게 책정된다. 이는 임차인 변경 시에도 별도로 인정받는 고정적 성격의 권리금이다.

시설권리금은 인테리어, 집기, 주방기기 등 실제 투자된 시설물에 대한 가치다. 이 항목은 감가상각 개념을 반드시 적용해야 한다. 예를 들어 1억 원을 들여 인테리어를 했다고 해도, 5~7년이 지나면 가치가 거의 남지 않는다. 대체로 5년을 기준으로 감가상각이 이루어지며, 매장 상태가 좋지 않거나 구조상 재활용이 어렵다면 제값을 받기도 어렵다. 특히 인덕션, 오븐, 제빙기, 쇼케이스 등은 개별 단가와 내구연한을 기준으로 감정할 필요가 있다.

영업권리금은 해당 매장의 매출 및 수익에 따라 책정되는 핵심 항목이다. 통상적으로는 월 순수익의 6개월에서 1년치를 기준으로 산정한다. 예를 들어, 세금과 비용을 제외하고 월 순익이 300만 원 정도인 매장이라면, 영업권리금은 1,800만 원에서 3,600만 원 사이가 일반적이다. 다만, 계절성 업종이거나 매출 변동성이 클 경우엔 최근 6개월에서 1년치 매출 추이를 따로 분석해야 한다. 또, 본사 할인·광고비 부담이 큰 프랜차이즈의 경우 순익 대비 권리금이 낮게 형성되기도 한다.

간혹 SNS나 TV 방송, 유튜브 등으로 유명세를 타면서 단기간에 매출이 급등한 매장의 경우, 과도한 영업권리금을 요구하기도 한다. 하지만 이처럼 비정상적으로 책정된 권리금은 지속 가능성, 재방문율, 유입 채널의 구조 등을 반드시 검토해야 하며, 특히 마케팅이 일시적 유행에 기대고 있을 경우엔 오히려 위험 요인이 된다.

권리금을 산정할 때는 반드시 세 항목을 나눠서 판단하고, 제시된 총액이 이 셋을 기준으로 볼 때 합리적인지 분석하는 과정이 필요하다. 가격보다 구조를 따지는 안목이, 장기적으로 살아남는 선택이 된다.

결론적으로, 양도양수 창업에서 중요한 건 '얼마나 싸게 사느냐'가 아니라 '정확하게 알고 사느냐'이다. 권리금이 조금 비싸더라도 확실한 매출 구조와 수익성이 검증된다면 충분히 투자할 만하다. 반대로, 아무리 저렴해 보여도 매출 구조가 불투명하거나 권리금의 근거가 모호하다면 그 가게는 리스크가 너무 크다.

양도양수 창업은 단기간의 기회처럼 보일 수 있지만, 신중하게 검토하지 않으면 장기적으로 더 큰 비용을 지불하게 된다. 특히 자금 여유가 많지 않은 창업 초보자일수록, 검증되지 않은 매물을 피하는 것이 생존을 위한 기본 전략이다.

종합소득세를
획기적으로 줄일 실전 기술

 자영업자에게 세금은 늘 예고 없는 폭탄처럼 터진다. 장사는 나름 잘 되는 것 같은데, 해마다 5월만 되면 종합소득세 고지서가 날아오고 통장에 있던 돈이 통째로 빠져나간다. 가장 당황스러운 건 이거다.

 "생각보다 돈을 많이 번 것 같지도 않은데, 왜 이렇게 세금이 많이 나올까?"

 특히 종합소득세는 매출이 아니라 '남은 돈'에 따라 세금이 매겨지기 때문에, 많은 사장님이 실제보다 더 많은 세금을 내고 있다고 느낀다. 절세할 수 있는 제도는 분명히 있다. 그런데 몰라서 못 쓰고, 알아도 타이밍을 놓쳐서 결국 세금을 더 내는 경우가 대부분이다. 절세는 꼼수가 아니다. 아는 사람만 덜 내는 제도 활용의 싸움이다. 지금부터 소개할 세 가지 전략은, 당장 올해 종합소득세부터 줄일 수 있는 현실적인 절세 방법이다. 알아두면 매년 수백만 원이 달라진다. 세금, 피할 수 없다면 똑똑하게 줄이자.

1) 모든 지출은 증빙을 남기고 경비로 처리하라

자영업자가 세금을 줄이는 가장 강력한 무기는 증빙이다. 장사를 하다 보면 나가는 돈이 정말 많다. 재료비, 배달비, 임대료, 직원 식대, 광고비, 전기료, 쓰레기 봉투 값까지 하루에도 수십 건씩 결제가 나간다. 그런데 문제는, 많은 사장님이 실제로 쓴 돈 중 절반 가까이를 '세금 줄일 수 있는 경비'로 만들지 못하고 있다는 점이다.

아무리 많이 써도, 제대로 된 증빙이 없으면 세무서 입장에서는 그냥 돈 많이 번 사람이 되어버린다. 가장 쉬운 증빙은 바로 사업용 신용카드다. 사업자 통장과 카드만 따로 써도, 대부분의 비용이 자동으로 장부에 잡힌다. 현금 쓰고 영수증 챙기느라 고생할 필요도 없다. 국세청 홈택스와 카드사 연동만 해두면, 나중에 신고할 때도 자동으로 불러와진다. 사업용 계좌와 카드를 따로 쓰는 것만으로도 장부 정리는 물론, 불필요한 세무조사 가능성도 낮아진다. 생각보다 자주 놓치는 비용들도 있다. 예를 들어보자.

- 장 보러 갈 때 쓴 교통비, 주차비
- 직원 생일 케이크, 회식 식사

- 포장지, 소모품, 청소용품
- 명함, 간판 유지비
- 유튜브 광고비, 인스타 홍보용 콘텐츠 제작비

이런 것도 사업 관련 지출이면 전부 경비로 넣을 수 있다. 단, 영수증과 결제 기록이 있어야 한다는 것만 잊지 말자.

실제 사례를 보자. 서울에서 카페를 운영하는 두 사장이 있었다. 둘 다 매출은 월 1,200만 원 정도. 하지만 A 사장은 지출을 모두 사업용 카드로 정리하고, 전기료·배달비·광고비 등 사업 관련 비용을 모두 장부에 반영해 종합소득세 신고 시 비용 공제를 철저히 챙겼다. 반면 B 사장은 대부분을 현금으로 쓰고 장부도 거의 쓰지 않았다. 1년이 지나 종합소득세를 신고했을 때, A 사장의 세금은 380만 원. 반면 B 사장은 720만 원이 나왔다. 매출은 똑같은데, 세금은 거의 두 배. 차이는 '쓴 돈'이 아니라, '인정받은 돈'에 있었다. A 사장은 별다른 절세 기술을 쓴 게 아니었다. 단지 지출을 보이게 만들었을 뿐이다. 반대로 B 사장은 돈을 썼지만, 국세청 눈엔 아무것도 안 쓴 사람으로 보였던 것이다. 장사를 오래 하려면, 쓰는 것보다 보이게 쓰는 게 더 중요하다.

2) 공제 항목은 빼먹지 말고 최대한 활용하라

자영업자는 5월이 되면 종종 이런 생각을 한다.

"아니, 나도 애 키우고, 보험 들고, 카드 긁고 사는데 왜 직장인보다 세금이 이렇게 많이 나오지?"

그 이유는 단순하다. 자영업자는 직장인보다 공제받을 수 있는 항목이 제한적이기 때문이다. 직장인은 연말정산을 통해 각종 소득공제를 자동으로 적용받는다. 회사에서 급여 자료를 제출하고, 국세청이 카드 사용액부터 보험료, 교육비, 주택자금까지 거의 모든 공제를 계산해준다. 일종의 반자동 공제 시스템이 작동하는 셈이다. 하지만 자영업자는 다르다. 직접 자료를 챙기고, 직접 증빙을 넣어야 공제를 받을 수 있다. 게다가 근로소득자가 받을 수 있는 근로소득공제, 주택자금공제, 월세공제 등 일부 항목은 아예 제외된다.

하지만 그 반대로, 자영업자만 쓸 수 있는 공제 항목도 있다. 대표적인 게 노란우산공제다. 노란우산공제는 자영업자가 스스로 납입하는 퇴직금 같은 제도다. 매달 5만 원에서 100만 원까지 자유롭게 납입할 수 있고, 연간 최대 500만 원까지 소득공제를 받을 수 있다. 예를 들어, 연 소득 5,000만 원인 자영업자가 노란우산공제에 연 500만 원을 납입하면, 과세표준이 4,500만 원으로 줄어든다. 종합소득세율이 15% 구간이라면 약 75만 원의 절세 효과가 발생한다. 여기에 개인형 퇴직연금(IRP)까지 추가로 활용하면 더 좋다. IRP는 세액공제 항목이라, 연 700만 원까지 납입 시 세금에서 직접 공제받을 수 있다. 노란우산공제와 IRP를 동시에 풀로 활용하면, 연간 100만 원 안팎의 세금 절감이 가능하다. 이외에도 자영업자가 반드시 챙겨야 할 공제 항목은 다음과 같다.

- **인적공제:** 부양가족(배우자, 부모, 자녀, 장애인, 고령자 등)
- **보험료:** 본인·가족의 보장성 보험료
- **교육비:** 자녀 등록금 및 본인 교육비
- **기부금:** 종교단체·사회단체·정치후원금 등
- **신용카드 사용액:** 연간 총급여(또는 소득)의 25% 초과분에 대해 일정 금액 공제

단, 이 모든 공제는 증빙이 있어야 하고, 누락 없이 신고 시 반영해야 한다. 자동으로 잡히는 항목은 거의 없기 때문에 매년 종소세 신고 전에 꼼꼼히 체크리스트를 만들어 점검하는 것이 중요하다.

실제 사례를 살펴보자. 서울에서 1인 카페를 운영하는 C 사장은 노란우산공제에 매달 50만 원, IRP에 30만 원씩 납입하고 있었다. 종합소득세 신고 시 약 140만 원의 세액이 줄어들었고, 여기에 인적공제와 카드공제까지 반영되면서 최종적으로 200만 원 이상 세금을 아낄 수 있었다. 절세는 머리 좋은 사람이 하는 게 아니다. 제도에 대해 알고, 때를 놓치지 않고 챙기는 사람이 유리한 게임이다. 자영업자에게 가장 아까운 건 세금 자체가 아니라, 받을 수 있었던 공제를 놓치는 것이다.

3) 창업 초기 세액 감면과 감가 상각 전략을 함께 써라

자영업자에게 창업 첫해는 지출만 많고 수입은 거의 없는 시기다. 가게 세팅하랴, 인테리어 하랴, 장비 들이랴, 통장은 쉴 새 없이 털리는데 손님은 아직 많지 않다. 그런데 이때 날아오는 게 바로 '세금 고지서'다.

"장사도 안 됐는데 왜 이렇게 많이 나왔지?"

대부분 사장님들이 느끼는 공통된 충격이다. 이럴 때 활용해야 할 제도가 바로 창업 중소기업 세액 감면이다. 정부는 일정 요건을 갖춘 창업자에게 최대 5년간 소득세를 감면해주는 제도를 운영하고 있다. 대상 업종은 음식점, 통신판매업, IT 서비스업, 미용업, 교육서비스업 등으로 꽤 넓다. 수도권 외 지역에서는 최대 100%까지 소득세가 면제되고, 수도권 과밀억제권역 내에서도 50%까지 감면이 가능하다. 특히 만 15세 이상~34세 이하 청년이 창업할 경우, 감면율은 더 높아진다.

예를 들어, 경기도 김포에서 음식점을 연 33세 청년 사업자 D씨는 연소득이 3,800만 원이었지만, 이 제도 덕분에 소득세 전액이 감면되었다. 단, 아래 조건에 해당하면 감면 대상에서 제외된다. 바로 기존 사업의 승계, 동일 업종 재창업, 폐업 후 재개업, 명의만 바꾼 사업이다. 이런 경우는 감면 대상에서 제외된다. '진짜 창업'이어야만 인정받는다. 또 공동사업자라면 지분이 높은 대표자 한 명만 감면 대상이 된다.

이와 함께 반드시 챙겨야 할 것이 감가상각이다. 사장님들이 흔히 오해하는 부분이 있다.

"내가 1,000만 원짜리 냉장고 샀는데, 이거 왜 올해 전부 비용 처리를 못하나요?"

세법에서는 자산별로 법정 내용 연수를 정해두고, 매년 일정 금액만을 비용으로 처리할 수 있도록 규정하고 있다. 이게 바로 감가상각이다. 감가 상각은 부가세와는 무관하며, 종합소득세 계산 시 '비용 처리 시점'을 조절하는 전략이다. 예를 들어 냉장 쇼케이스 하나를 1,000만 원에 구입했다면, 법정 내용연수 5년 기준으로 매년 200만 원씩만 비용으로 넣을 수 있다. 그런데 여기서 중요한 포인트가 있다. 감가상각은 시기 조절이 가능하다는 것이다. 이를 '이월 감가상각'이라고 한다. 만약 올해는 매출이 별로고 내년부터 매출이 올라갈 것 같다면, 올해 감가상각을 일부러 안 하고, 내년으로 이월시켜 세금을 줄이는 전략을 쓸 수 있다.

실제로 한 프랜차이즈 족발집 사장님 E씨는 창업 첫 해 3,000만 원 넘게 주방 설비를 들였지만, 세무사와 상의해 일부 감가상각을 다음 해로 미뤘다. 그 결과, 두 번째 해에 매출이 늘어난 시점에서 감가상각을 집중 반영해 약 250만 원의 종합소득세를 줄였다. 감가상각은 단순한 회계 처리가 아니다. 장사의 흐름에 맞춰 비용 타이밍을 조절하는 전략 도구다. 초기 투자비가 클수록, 이 전략의 힘은 더 강력해진다.

세금은 피하는 게 아니라 관리하는 순간부터 '줄어들기' 시작한다. 절세는 요령이 아니다. 모르면 더 내고, 알면 덜 내는, 철저히 설계된 제도의 결과다. 자영업자에게 절세는 선택이 아니라 생존 전략이다. 1년에 수백만 원씩 빠져나가는 세금을 관리하지 못하면, 아무리 장사를 잘해도 통장은 늘 비어 있다. 장사를 잘하는 사람은 많지만, 오래가는 사람은 '세금을 먼저 챙기는 사람'이다. 매출만 보지 말자. 세금에 무너지면 매출도 소용없다.

부가세,
놓치면 수백만 원 날린다

많은 자영업자가 놓치기 쉬운 부분이 있다. 매출은 매달 확인하면서도 그 매출에 따라서 붙는 부가가치세 구조는 제대로 이해하지 못하는 경우가 많다는 점이다. 하지만 이 부가가치세는 결국 사장님의 순수익을 결정짓는 요소이자, 잘 챙기지 않으면 불필요하게 납부하는 대표적인 세금이기도 하다.

"고객이 준 돈에 세금이 붙어 있는 건 알겠는데, 내가 왜 따로 세금을 더 내야 하죠?"

이 질문의 답을 알기 위해선 부가가치세 구조 자체를 이해해야 한다. 부가가치세는 말 그대로 '가치가 추가된 만큼'에 대해 부과되는 세금이다. 쉽게 말해 사장님이 상품이나 서비스를 팔아서 발생한 이익의 일부를 세금으로 납부하는 구조다. 현재 부가가치세율은

10%다. 즉, 고객에게 받은 금액 중 10%는 정부 몫이라는 뜻이다.

예를 들어 20,000원짜리 치킨을 판매했을 때, 이 안에 이미 부가세가 포함되어 있다. 실제 공급가액은 18,181원이고, 여기에 10%인 1,819원이 부가세로 포함된 것이다. 문제는 이 1,819원을 단순히 내는 게 아니라 이익만큼을 정산해서 내야 한다는 점이다.

그런데 부가가치세는 사업자의 유형에 따라 계산 방식이 달라진다. 세법상 자영업자는 '일반 과세자'와 '간이 과세자'로 구분되며, 이 구분은 연간 매출액을 기준으로 결정된다. 현행 기준은 다음과 같다.

- **연 매출 8,000만 원 미만:** 간이 과세자에 해당하며 부가세 납부 의무도 면제
- **연 매출 8,000만 원 이상 1억 400만 원 미만:** 간이 과세자에 해당하되 부가세는 납부 의무가 발생
- **연 매출 1억 400만 원 이상:** 일반 과세자로 분류되며 부가세 신고와 납부는 물론 매입 세액 공제 및 세금계산서 발행도 가능

간이 과세자는 업종별로 정해진 부가가치율(예: 음식점은 40%)을 매출에 적용한 후, 그 금액에 다시 10%를 곱해 부가세를 산출한다. 이 방식은 계산이 단순하다는 장점이 있지만 매입 세액 공제를 받을 수 없고 세금계산서 발행도 제한된다는 단점이 있다.

반면 일반 과세자는 매출 세액에서 매입 세액과 각종 공제를 차

감해 납부 세액을 산정하는 구조다. 계산은 복잡하지만, 그만큼 공제 항목이 많아 전략적인 절세가 가능하다. 여기서는 일반 과세자를 기준으로 부가가치세 구조와 절세 전략을 다룬다.

음식점 자영업자에게 적용되는 부가세 공식

음식점 사업자, 특히 일반 과세자 기준으로 부가세는 다음과 같은 방식으로 계산된다.

> 납부할 부가세 = 매출세액 - (일반 매입세액 공제 + 의제매입세액 공제
> + 신용카드 발행 세액공제)

각 항목을 하나씩 살펴보자.

- **매출세액:** 공급가액의 10%. 가장 기본이 되는 매출세액은 총매출액에서 부가세를 제외한 공급가액의 합계에 10%를 곱한 금액이다. 예를 들어 하루 평균 매출이 100만 원이면, 6개월간 공급가액은 약 1억 8,000만 원, 여기에 부가세 10%를 더한 1억 9,800만 원이 총매출이 된다. 이 중 1,800만 원이 '내야 할 부가세'의 기본이 된다.

- **일반 매입 세액 공제:** 원두, 컵, 배달용 포장재, 전기료, 광고비,

월세, 배달 대행비 등 가게 운영에 들어간 사업 관련 지출 중 세금계산서를 받은 비용은 전부 매입 세액 공제로 활용할 수 있다. 공급가액의 10%에 해당하는 부가세를 공제 항목으로 인정해주는 구조다. 예를 들어 월세 500만 원이라면 약 50만 원을 매입 세액으로 공제받는 셈이다.

- **의제 매입 세액 공제:** 여기서 놓치기 쉬운 항목이 '의제 매입 세액'이다. 면세 농·축·수산물, 우유 등 부가세가 없는 식재료를 구매한 경우에도 일정 금액을 공제받을 수 있도록 만든 제도다. 세금계산서가 없더라도, 신용카드 전표나 일반 영수증만 있어도 공제가 가능하다. 예를 들어 식자재비가 월 1,000만 원이고, 연 매출이 4억 원 이하라면 8/108의 공제율을 적용해 매달 약 83만 원, 6개월 기준 약 500만 원 이상의 의제매입세액 공제를 받을 수 있다.

- **신용카드 발행 세액 공제:** 매출의 대부분이 신용카드나 배달앱 결제인 경우라면, 신용카드 발행 세액공제 항목에서 상당한 세금 절감이 가능하다. 신용카드 매출의 1.3%를 세액에서 공제받을 수 있으며, 2026년까지는 한도도 기존 500만 원에서 1,000만 원으로 확대되었다. 다만 이 공제는 연 매출이 10억 원 이하일 때만 가능하다. 즉, 연 매출이 10억 원을 넘기면 오히려 세금 혜

택을 못 받아 손해를 보는 구조가 된다.

실제 예를 들어보자.

- **하루 매출 100만 원 음식점, 1기(6개월) 부가세는?**
  6개월 총 공급가액: 1억 8,000만 원
  매출세액: 1,800만 원
  일반 매입 세액: 월세·광고비 등 3,500만 원 × 10% = 350만 원
  의제 매입 세액: 식자재비 6,000만 원 × 9/109 = 약 495만 원
  신용카드 세액 공제: 1억 6,200만 원(매출의 90%) × 1.3% =
  약 210만 원
  최종 납부 세액 = 1,800 - (350+495+210) = 약 745만 원

부가세만 해도 이 정도다. 여기에 종합소득세가 추가로 붙는다는 점을 생각하면 자영업자의 '실제 수익'은 단순한 매출에서 끝나는 계산이 아니라는 걸 알 수 있다. 부가세는 조세가 아니라 전략이다. 부가세는 사업자라면 피할 수 없는 세금이지만, 구조를 정확히 이해하고 항목별 공제를 잘 챙기기만 해도 수백만 원의 세금을 줄일 수 있다. 중요한 건 매출이 아니라 정산 구조를 이해하고 전략적으로 운영하는 습관이다. 특히 연 매출이 10억 원 언저리에 걸쳐 있는 자영업자라면 부가세 공제 기준을 넘지 않도록 연 매출을 의식적으

로 관리할 필요가 있다. 매출이 조금 더 나왔다고 해서 실익이 늘어난다고 단정할 수는 없다. 절세 전략 없이 늘어난 매출은 오히려 손해가 되기도 한다.

장사는 벌어들이는 것만큼이나 지키는 능력이 중요하다. 세금은 잘 관리하면 이익을 남기지만 무지하면 손실로 돌아온다. 자영업자는 소비자가 아닌 납세 의무자다. 그리고 납세 의무자는 반드시, 계산에 강해야 한다.

놓치기 쉬운 부가세 절세 전략
· 세금계산서, 현금영수증은 무조건 챙겨라

세금계산서를 받으면 매입세액으로 바로 공제가 된다. 광고비, 배달 대행비, 가게 임대료, 인테리어 비용까지 사업 관련 지출은 가능하면 사업용 카드 + 세금계산서 조합으로 정리해야 한다. 종이로 보관할 필요도 없다. 홈택스에 자동으로 불러올 수 있어, 나중에 신고할 때 큰 도움이 된다.

· 식자재는 카드 결제로, 마트 영수증도 챙겨라

면세 식재료는 세금계산서가 없어도 의제 매입 세액 공제가 가능하다. 특히 신선식품, 농수산물은 마트·식자재마트 카드 결제 영수증이나 간이 영수증만 있어도 공제가 된다. 이건 부가세를 돌려받는 개념이기 때문에 카드로 사는 게 곧 공제받는 행위가 된다.

- **연 매출 10억 원 언저리는 반드시 의식적인 관리 필요**

9억 9천만 원 매출과 10억 1천만 원 매출의 차이는 단 2천만 원이지만, 신용카드 세액 공제 혜택 유무에 따라 실 세금 차이는 수백만 원까지 벌어진다. 부가세뿐 아니라 종합소득세에도 영향이 간다. 애매한 연 매출 구간이라면 매출을 넘기지 않도록 미리 계획을 세워야 한다.

- **매출보다 '정산 구조'를 먼저 챙겨라**

대부분의 사장님이 얼마 벌었는지는 매일 계산하지만, 얼마 남는 구조인지는 파악하지 못한다. 6개월 기준, 부가세로만 수백만 원이 빠져나가는 구조라면 매입 구조를 개선하거나 공제 항목을 늘려서라도 절세 설계를 해야 한다. 사장님의 이익은 매출이 아니라 '지킬 수 있는 돈'에서 나온다.

장사를 시작하게 된다면 부가세는 더 이상 남의 일이 아니다. 부가세는 장사 잘하는 사람보다 장사 오래 하는 사람에게 더 무겁게 다가온다. 신고 시즌이 올 때마다 놀라지 않으려면, 매출이 오를수록 계산도 정교해져야 한다. 지금부터라도 항목별 공제 구조를 이해하고, 매입과 지출을 전략적으로 관리해야 한다. 계산을 아는 자영업자만이 수익을 지킬 수 있다. 그게 바로 오래가는 장사의 기본이다.

인건비 부담 줄이는
직원 운영의 핵심 원칙

　2025년 기준 최저임금은 시간당 10,030원이다. 불과 10년 전만 해도 5,000원대였던 임금이 어느새 두 배가 됐다. 하루 8시간씩 주 5일 근무 기준으로 계산하면, 직원 한 명에게만 월 209만 원이 넘는 인건비가 발생한다. 여기에 4대 보험까지 포함하면 월 250만 원 이상이 기본 고정비로 빠져나가는 셈이다.

　문제는 단순히 임금만 오르는 게 아니라는 점이다. 주휴수당, 연차수당, 퇴직금, 야간수당, 심지어 근로계약서 미작성에 따른 과태료까지 있다. 사장님이 놓치면 비용으로 돌아오는 노동 리스크가 계속해서 늘어나고 있다. 그런데 고객 수는 줄고, 매출은 제자리라면? 자영업자 입장에서 인건비는 한 사람 쓰는 것도 부담스러운 시대가 된 것이다.

그렇다고 무작정 인력을 줄이기만 하면 안 된다. 주문은 밀리고, 고객 응대는 느려지고, 결국 서비스 품질이 낮아지면 단골도 떨어져 나간다. 지금은 단순히 사람을 덜 쓰는 게 답이 아니라, '사람을 어떻게 쓰느냐'가 중요한 시대다. 인건비는 단순한 지출이 아니라, 운영 전략의 핵심이다. 자영업자가 꼭 챙겨야 할 인건비 절감의 핵심 운영 원칙은 다음 세 가지다.

직원 대신 시스템이 일하게 만든다

첫째, 자영업 인건비를 줄이기 위한 첫 걸음은 사람이 하지 않아도 되는 일을 구분해내는 것이다. 주문을 받고, 결제를 처리하고, 포스에 입력하고 정산하는 일련의 과정은 더 이상 사람이 직접 할 필요가 없다. 이 업무들은 키오스크, 테이블오더, 셀프계산대 같은 자동화 시스템으로 충분히 대체 가능하다.

자동화 시스템의 대표격인 키오스크는 스탠드형, 테이블형, QR오더형 등으로 나뉜다. 특히 테이블오더의 경우, 기기를 테이블 위에 설치하는 방식도 있고, 고객이 스마트폰으로 QR을 스캔해 직접 주문하는 방식도 있다. 전자는 직관성이 높고 노출도가 높다는 장점이 있지만, 고장이나 유지비 부담이 단점으로 지적된다. 반면 QR형 테이블 오더는 설치비나 공간 차지가 거의 없고 유지비도 낮아, 최근 소형 매장이나 젊은 고객층이 많은 곳에서는 선호도가 높다.

실제로 2024년 말 중소기업중앙회가 전국 소상공인 402개 업체를 대상으로 실시한 조사에 따르면, 키오스크를 도입한 매장들은 평균적으로 종업원 1.2명을 줄였고, 이에 따른 월 인건비 절감액은 약 138만 원에 달했다. 응답자의 93.8%가 "키오스크 도입이 경영에 도움이 되었다"고 답했고, 그중 가장 큰 이유는 역시 인건비 절감이었다.

물론 자동화 기기의 초기 설치 비용은 무시할 수 없다. 스탠드형 키오스크는 대당 평균 356만 원, 테이블형은 약 133만 원 수준이며, 월 렌탈 시 각각 약 10만 원, 19만 원이 소요된다. 그러나 월 100만 원 이상 절감 가능한 인건비를 감안하면 기기 구입 비용은 보통 6개월 안팎이면 회수 가능하다.

핵심은 단순히 '직원을 줄인다'가 아니다. 사람의 역량이 꼭 필요한 일과, 그렇지 않은 일을 명확히 나누고 후자는 시스템이 맡게 하는 구조로 재편해야 한다. 자동화는 결국 사람을 덜 쓰는 방법이 아니라, 사람을 더 잘 쓰는 전략이다. 반복적이고 비생산적인 업무에서 해방된 직원은 더 나은 서비스와 고객 응대에 집중할 수 있고, 이것이 다시 매출과 고객 만족으로 이어지는 선순환을 만든다.

사람을 줄이기보다 시간을 나눠 쓴다

둘째, 자영업 매장에서 인건비가 과도하게 나오는 가장 큰 이유는 실제로 매출이 거의 발생하지 않는 시간대에도 인력을 그대로 유지하고 있기 때문이다. 하지만 장사를 해보면 안다. 매출이 집중적으로 발생하는 시간대는 정해져 있다. 점심 시간인 오전 11시~오후 1시, 저녁 시간인 오후 6시~8시. 이처럼 매출이 터지는 '피크타임'에만 집중적으로 인력을 배치하면 된다.

가장 효과적인 방법은 시간을 쪼개서 쓰는 전략이다. 하루 종일 일할 사람 한 명을 두기보다, 2~3시간씩 일할 단기 시간제 인력을 여러 명 두는 방식이다. 특히 주 15시간 미만 근무로 계약하면 주휴수당을 지급하지 않아도 되기 때문에, 전체 인건비 부담을 눈에 띄게 줄일 수 있다.

예를 들어 주 14시간 근무 아르바이트를 2명 운용한다면, 실 근로시간은 총 28시간이지만 주휴수당 지급 의무는 없다. 반면 한 명이 주 20시간을 근무하면, 추가로 4시간분의 주휴수당을 지급해야 한다. 이 차이가 쌓이면 한 달 기준 수십만 원의 인건비 차이가 발생한다. 한 사람 오래보다 '여러 사람 짧게'가 더 절약되는 구조인 것이다.

특히 피크타임을 정확히 파악하고, 그 시간에만 인력을 배치하는 정밀 스케줄링은 자영업자 입장에서 매우 중요한 운영 전략이다. 사장 혼자 운영이 가능한 시간대에는 직접 근무하고, 점심과 저녁 등 혼자 감당이 어려운 시간대에만 단기 아르바이트를 투입하는 식이다. 가족이 함께 운영할 수 있는 구조라면 더 큰 인건비 절감 효과를 누릴 수 있다.

배달 중심 매장의 경우, 점심 주문이 몰리는 오전 12시~2시 사이나, 저녁 주문이 시작되는 오후 5시~7시 사이에만 일하는 반타임 아르바이트를 고용하는 것도 좋은 대안이다. 실제로 이런 시간대는 주문량은 많지만 운영 시간이 짧기 때문에, 인건비 효율이 가장 높다.

또한 최근에는 요일별 스케줄, 탄력적 교대제 등을 통해 유연하게 근무시간을 조정하는 매장도 많다. 예컨대 주말에만 고객이 몰리는 업종이라면, 금~일에만 집중적으로 아르바이트를 배치하고, 평일에는 사장 혼자 운영하는 방식이다. 이처럼 인력 운영의 핵심은 무작정 줄이는 것이 아니라, 정확한 시간에, 필요한 만큼만 쓰는 것이다.

결국 인건비를 아끼는 가장 확실한 방법은 시간대별 매출 흐름을 제대로 파악하고, 그 흐름에 맞춰 인력을 배치하는 것이다. 쓸 사람은 써야 한다. 다만 꼭 써야 할 시간에만, 가장 효율적으로 쓰는 것이 인건비 절감의 본질이다.

한 명이 두 명 몫 하게 만드는 전략

직원 수는 줄이되, 매출은 유지해야 한다. 그 방법은 결국 '한 명이 여러 역할을 하는 구조'를 만드는 것이다. 예를 들어 주방 보조 직원이 홀 청소도 하고, 서빙도 함께 할 수 있도록 교육하면 인력 구조를 단순화할 수 있다. 고객 응대, 리뷰 내용, 간단한 정산 업무까지 직원이 자연스럽게 처리할 수 있다면, 두 명이 하던 일을 한 명이 해낼 수 있는 구조도 가능해진다.

이를 위해서는 무엇보다 직원 교육이 선행되어야 한다. 처음부터 여러 업무를 시키기보다는, 단계적으로 익히게 하고, 습득한 만큼 보상 체계를 연동해주는 것이 효과적이다. 예를 들어 멘토링이나 실습을 통해 업무를 하나씩 추가하고 각 단계마다 보상을 주는 방식이 좋다. 단순한 최저시급 체계에서 벗어나, 성과 기반의 보상 시스템을 도입하는 것도 좋은 전략이다. 고객 만족도 조사에서 좋은 평가를 받은 직원에게 인센티브를 주거나 매출이 많이 나오는 날엔 추가 수당을 지급하는 방식이 대표적이다. 장기 근속자에게는 복지 혜택이나 보너스를 제공하는 것도 직원 만족도를 높이는 방법이다.

이렇게 운영하면 직원 입장에서도 이 가게에서 오래 일할 이유가 생긴다. 직원은 단순히 쓰는 비용이 아니라 함께 돈을 버는 파트너라는 인식 전환이 필요하다. 특히 장기간 함께 일할 직원이라면 인건비를 줄이기보다는 오히려 더 주고 확실히 교육해서 가게의 전반적인 운영을 맡길 수 있게 만들어야 한다. 한 명의 직원이 자리 잡고 오래 일하게 되면, 사장님 입장에서도 훨씬 안정적인 운영이 가능해진다. 신규 직원 교육 비용도 줄고 서비스 품질과 고객 신뢰도도 함께 높아진다.

직원 수를 줄이는 게 궁극적인 목적이 아니다. '적정 인력으로 최대 효율을 내는 구조'를 만드는 것이 핵심이다. 가게의 규모와 시스템에 맞게 운영 전략을 잘 짜면, 인건비 부담을 줄이면서도 서비스 품질은 유지하고, 매출도 충분히 방어할 수 있다.

8부

반드시 오는 고비를
성공적으로 넘기려면

자금이 막혔을 때 구원해줄
정책 자금 총정리

　자영업자는 누구나 경영 과정에서 크고 작은 자금 위기를 겪는다. 예상치 못한 시설 수리, 갑작스러운 매출 감소, 세금 납부나 직원 급여 지급 등 긴급한 상황이 자주 발생하기 때문이다. 이럴 때 가장 효과적인 해결책 중 하나가 바로 정부의 정책 자금 대출이다. 특히 소상공인을 위한 정책금융기관의 자금 지원은 낮은 이자율과 우수한 한도 조건으로 구성돼 있어 자영업자의 필수 생존 수단으로 자리 잡고 있다.

　실제로 2024년 3월 소상공인시장진흥공단(소진공)에서 진행한 '전통시장 자금 직접 대출'의 경우 개시 5초 만에 자금이 소진될 정도로 인기가 뜨거웠다. 이 상품은 최대 3천만 원 한도에 고정 금리 2%라는 파격적 조건으로 제공됐고, 신용 점수가 낮아도 신청할 수 있었기 때문에 전국의 자영업자들이 신청에 몰려들었다. 이는 소상공인들이 얼마나 우대 조건의 정책 자금을 필요로 하고 있는지 단적으로 보여주는 사례다.

정책 자금은 크게 현금 지원과 대출 지원으로 나눌 수 있다. 긴급 재난 지원금처럼 직접적인 현금 지원도 있지만, 자영업자에게 지속적이고 실질적인 도움을 주는 것은 자금을 대출 형태로 지원해주는 정책금융이다. 이 정책금융은 사업을 이어나가기 위한 현금 흐름을 원활하게 만들어주는 중요한 역할을 한다. 현재 자영업자가 접근 가능한 주요 정책금융 기관은 다음 세 곳이다.

- **소상공인시장진흥공단**(소진공)
- **지역신용보증재단**
- **신용보증기금**

세 기관의 특성을 잘 이해하고 본인의 상황에 맞게 접근해야 효과적으로 자금을 확보할 수 있다.

소진공: 경쟁이 치열하지만 조건이 가장 유리하다

소진공은 자영업자에게 가장 친숙하고 접근성이 높은 정책금융 기관이다. 대출 방식은 '직접 대출'과 '대리 대출'로 나뉘며, 각각 장단점이 있다. 직접 대출은 소진공이 직접 자금을 지원하는 형태로,

신용 점수가 낮거나 기존 대출이 많아도 신청 가능하다. 최근 진행됐던 '저신용 직접 대출'이나 '전통시장 전용 직접 대출'처럼 특정 조건만 맞으면 누구나 도전할 수 있다. 하지만 조건이 매우 유리한 만큼 경쟁률도 높아 실제로 자금을 확보하기 위해선 접수 시작일 아침 일찍부터 컴퓨터 앞에서 대기해야 하는 상황이 빈번하다. 특히 신청할 때 필요한 서류들을 미리 PDF나 이미지 파일로 만들어 준비하고, 신청 당일 서버 접속이 원활하도록 인터넷 환경도 철저히 점검하는 것이 좋다. 소진공 직접 대출의 경우 신청일 전에 미리 공단 홈페이지에 들어가서 공고문을 확인한 후에 필요 서류들은 무조건 미리 출력해놓거나 저장해놓아서 신청 당일에 최대한 빠르게 신청할 수 있도록 세팅해놓아야한다. 소진공 직접 대출의 경우 사업자 대출에도 잡히지 않고, 재단의 보증서를 이용하는 것도 아니기 때문에 기존에 대출이 꽉 차서 추가 대출이 안 나오는 사업자들도 받을 수 있다는 장점이 있다. 그렇기 때문에 직접 대출의 경우 신청 당일, 길어도 다음날 전부 마감이 될 정도로 많은 사람들이 대기를 하고 있기에 미리 준비를 해놓는 게 중요하다. 대출 자격 조건의 경우 종류마다 다르지만 신용보증재단 대출이나 신용보증기금대출 등에 비해서 조건 자체가 상당히 완화되어 있기 때문에 신용 점수나 재무 상황이 좋지 않은 개인사업자의 경우에는 자금이 필요할 경우에 1순위로 신청을 해야 할 정책자금 대출이다.

반면 대리 대출은 소진공에서 '정책자금 대상 확인서'를 발급받아 은행에서 대출을 받는 구조다. 하지만 이 확인서가 곧바로 대출 실행을 보장하지 않으며, 은행에서 별도 심사를 다시 받아야 한다. 정책자금 대상 확인서의 경우는 신청하면 거의 대부분 발급이 되지만, 실제 확인서를 들고 은행에 갔을 경우 기존 사업자 대출과 마찬가지로, 개인의 신용, 부채의 규모 등을 꼼꼼히 파악한 후에 대출이 진행되기 때문에 확인서의 발급이 곧 대출의 실행 여부를 보장하지는 않는다. 그렇다고 하더라도, 대리 대출 또한 시중 은행의 사업자 대출보다 금리가 낮고 상환기간도 최소 5년이기 때문에 일반 대출보다는 대출 조건이 훨씬 좋다. 또한 한 번도 재단을 이용한 적이 없는 사업자의 경우에는 웬만하면 처음 보증재단 이용 시 대출은 거의 승인이 나기 때문에 대출이 나올지 안 나올지 너무 걱정하지 말고 시도해 보는 것이 좋다. 또한 요즘에는 신용보증재단 홈페이지에서 보증서 여부 및 대출 실행 여부까지 미리 확인해 볼 수 있는 시스템을 갖춰놓았기 때문에 더욱 간편하게 대출을 받을 수 있다. 보증재단 대출의 경우 아래 하단에서 자세하게 후술하도록 한다.

신용보증재단: 보증서를 통한 현실적 지원

지역신용보증재단은 은행에서 담보나 신용 부족으로 대출이 어려운 자영업자에게 보증서를 발급해주는 기관이다. 정부나 지자체의 지원금으로 운영되는 준공공기관이며, 이를 통해 보다 낮은 이자로 대출을 받을 수 있다.

보증재단에서 중요한 개념은 보증률이다. 보증률은 해당 기관이 이 사람의 대출에 대해 사고가 나면 대신 갚아주는 비율로, 대부분 85%~100%의 보증률을 제공한다. 보증서를 받기 위해서는 신분증, 임대차 계약서, 부가가치세 증명원, 소득금액증명원 등 다양한 서류가 필요하며, 때로는 소득 증빙 자료가 요구될 수도 있다. 서류 제출 이후 보증재단에서 대출이 가능한 보증 한도를 산정하고, 이에 따라 대출이 가능한지 여부가 결정된다. 보증서 발급 후 은행에 방문해 대출을 실행하며, 대부분 은행에서 보증료를 차감한 금액을 대출금으로 지급한다. 또한 보증재단마다 평가 기준이 조금씩 다르므로, 각 지역 재단의 특성을 미리 알아보고 준비하면 더욱 유리하다. 100% 보증서 대출의 경우 거의 대부분의 은행에서 최소한의 내부 검토만 받으면 거의 통과되기 때문에 가장 좋은 보증서이다. 하지만 85~90% 보증서의 경우 은행에서 자체적으로 나머지 10~15%의 위험을 부담해야 하기 때문에 보증서가 발급되었다고 해서 무조건 대출이 실행되는 것은 아니다.

최근 서울시에서 진행했던 서울시 소상공인 마이너스 대출의 경우에도 보증재단에서 85%의 보증서를 최소한의 조건만 맞으면 소상공인들에게 발급해 주었지만, 카카오 내부 심사에서 대부분 탈락해, 많은 소상공인들의 항의를 들었던 케이스가 있다. 그렇기 때문에 보증재단 대출의 경우 받기 전에 먼저 보증서의 보증 비율이 몇 프로인지를 미리 확인하고, 최대한 높은 비율의 보증서 대출을 선택하는 것이 대출 심사를 통과하는 데 유리하다.

신용보증기금: 일정 규모 이상의 사업자에게 적합

신용보증기금은 연 매출 5억 원 이상, 제조업·IT업 등 규모가 큰 소기업을 중심으로 보증서를 발급하는 기관이다. 일반 자영업자 대부분은 신용보증재단으로 안내되며, 보증기금을 통해 자금을 받는 경우는 드물다. 신용보증기금의 경우 이자를 지원하는 '이차보전형 정책 자금'이 간혹 제공되기 때문에 사업 규모가 큰 경우에는 주기적으로 공고를 확인해 보는 것이 좋다. 신용보증기금 역시 상담 예약 후 방문이 기본이며, 보증 한도는 매출 규모와 신용 등급에 따라 결정된다. 매출 규모가 큰 소상공인의 경우 신용보증기금에서 상담 예약을 한 후 기금 보증서 발급 후에 대출 규모가 정해지게 된다.

이러한 대출들을 더욱 효과적으로 활용하기 위해서는 다음과 같은 준비가 필요하다. 첫째, 각 기관에서 진행 중인 공고를 주기적으로 확인하고 미리 준비해야 한다. 둘째, 사업자등록증, 신용평가 자료, 매출액 자료 등 필수 서류를 항상 최신 상태로 유지해 긴급 상황 발생 시 즉시 대응할 수 있도록 대비하는 것이 중요하다. 마지막으로 경쟁이 치열한 직접 대출의 경우 접수 시작일과 시간에 맞춰 최대한 빨리 신청할 수 있도록 철저히 준비하고 계획하는 습관을 들여야 한다. 또한 특례 보증이나 재난 지원 등 특별한 상황에서 추가적인 정책 자금 지원이 있을 수 있으므로, 이러한 특수 조건까지 꼼꼼히 확인하여 보다 폭넓은 자금 조달 기회를 확보하는 것이 좋다. 무엇보다, 자금 운영은 철저한 계획과 명확한 목표를 가지고 진행해야 하며, 급하게 확보한 자금을 효과적으로 활용할 수 있도록 사전에 충분한 준비와 전략을 갖추는 것이 필요하다.

소상공인공단과 신용보증재단과 신용보증기금 비교

	주요 내용
소상공인시장 진흥공단 (소진공)	· 직접 대출: 소진공이 직접 실행, 신용 낮아도 가능, 경쟁 매우 치열→대표 상품·전통시장 자금, 저신용 자금(금리2%, 한도 3천만 원) · 대리 대출: 정책자금 확인서 발급 후 은행 대출, 은행 자체 심사 필요 · 기존 대출 많아도 직접 대출 가능, 사업자 대출로 잡히지 않음 · 신청 전 공고문 확인, 서류 PDF 준비 필수
지역신용 보증재단	· 담보 부족한 소상공인에게 보증서 발급 → 은행 대출 · 보증률: 85~100%(100% 보증서가 가장 유리) · 보증서 있어도 은행 자체 심사 통과 필요(특히 85~90% 보증률) · 필수 서류: 신분증, 임대차계약서, 부가세·소득증빙 등(지역별 기준 상이, 보증률 확인이 핵심)
신용보증기금	· 연 매출 5억 이상, 중소기업·제조·IT 업 등 규모 큰 사업자 대상 · 일반 자영업자는 거의 해당 안 됨 · 이차보전형 정책 자금 간헐적 제공 · 보증 한도: 매출 규모 및 신용 등급에 따라 산정 · 상담 예약 후 보증서 발급 및 대출 실행

멘탈이 무너지면 장사도 무너진다

 자영업자는 사업을 운영하는 과정에서 다양한 어려움에 직면하게 된다. 예상치 못한 매출 하락, 고객과의 갈등, 불확실한 경제 환경 등은 일상적으로 겪는 변수며, 이로 인해 정신적인 스트레스가 누적되기 쉽다. 특히 자영업은 혼자서 모든 문제를 감당해야 하는 구조이기 때문에 멘탈 관리가 매우 중요하다. 이러한 상황 속에서 스스로를 지탱할 수 있는 건강한 마인드셋을 갖추는 것이 자영업의 성패를 좌우하게 된다. 오랫동안 장사를 하고, 유지하고 있는 대박 집 사장님들의 경우를 살펴보면 몇 가지 공통적인 마인드셋을 찾을 수 있다.

첫째, 단기 수익보다 장기 가치 추구

장사를 하다 보면 당장의 매출에 집착하게 되기 쉽지만, 그것이 오히려 더 큰 스트레스를 유발할 수 있다. 수익을 우선순위로 두는 방식은 종종 품질 관리나 고객 응대의 소홀로 이어지고, 결국 고객 이탈로 연결되곤 한다. 장기적으로 살아남기 위해서는 반복 방문을 유도할 수 있는 신뢰와 만족감을 우선시해야 하며, 이는 곧 충성 고객 확보로 이어지는 핵심 요소가 된다. 예를 들어, 강원도에서 작은 국밥집을 운영하던 한 사장님은 일 매출이 적어도 하루 30만 원 이상은 나와야 유지가 가능한 구조였다. 그런데 한 달간 외부 공사로 유동 인구가 줄어들며 매출이 반토막 났다. 그 시기, 사장님은 광고를 돌리기보단 단골 고객을 하나라도 더 챙기자는 쪽으로 방향을 잡았다. 평소보다 국밥에 고기를 더 얹어주고, 자주 오는 손님에게는 후식 음료를 무료로 제공했다. 결과적으로 공사 이후에도 그 손님들이 다시 찾아오며 매출이 빠르게 회복됐다. 일시적으로는 추가적으로 원가가 더 들어가서 손해일 수 있지만, 장기적인 고객확보 측면에서 유리한 경우에 자영업은 이러한 손해를 감내할 수 있어야 한다.

둘째, 고객에게 분명한 메시지를 전달할 수 있어야 한다

단순히 상품을 판매하는 것만으로는 고객의 기억에 남기 어렵다. 고객이 왜 이 매장을 선택해야 하는지를 스스로 설명할 수 있어야 하며, 그 메시지가 매장의 상품, 서비스, 분위기에 일관되게 반영되어야 한다. 매장에 들어섰을 때 느껴지는 명확한 콘셉트는 고객에게 특별한 경험을 제공하고, 결과적으로 재방문으로 이어지는 동기를 제공한다. 예컨대 경기 수원에서 디저트 카페를 운영하던 한 자영업자는 처음엔 '케이크 맛집'이라는 키워드로 시작했지만, 고객 반응이 미미했다. 이후 매장을 퇴근길에 혼자 들러 쉴 수 있는 조용한 공간으로 리브랜딩하면서 내부 인테리어를 바꾸고, 저녁 시간대엔 잔잔한 클래식 음악을 틀며 조명을 낮추었다. SNS에서 혼자 있기 좋은 카페로 입소문이 나며 오히려 매출이 상승하게 되었다.

셋째, 명확한 차별화 포인트를 확보하는 것이 중요하다

업종이 비슷한 수많은 경쟁 매장 사이에서 살아남기 위해서는 고객이 체감할 수 있는 확실한 차별성이 필요하다. 이는 메뉴나 가격, 인테리어처럼 눈에 보이는 요소뿐만 아니라, 응대 방식, 서비스 품질, 운영 방식 등에서도 차이를 만들어낼 수 있다. 단순한 다름이 아닌, 가치 있는 다름을 제공해야 고객이 매장을 선택하게 된다. 실제로 부산 해운대 인근의 한 분식집은 전통적인 떡볶이 맛을 유지하면서도, '1인용 반상 세트'로 차별화를 시도했다. 덕분에 혼밥족과 관광객에게 큰 호응을 얻었고, 블로그와 유튜브를 통해 자연스럽게 홍보 효과까지 누릴 수 있었다.

넷째, 지속적인 관찰과 분석이 병행되어야 한다

장사에 있어 가장 위험한 태도는 '익숙함'에 안주하는 것이다. 고객의 반응, 주문 패턴, 불만 사항 등을 민감하게 감지하고 이를 분석하는 습관은 작은 문제를 초기에 발견하고 개선하는 데 큰 도움이 된다. 매장 운영의 효율성을 높이기 위해서는 매출 데이터뿐 아니라 고객의 심리와 행동 변화까지도 꾸준히 살펴야 한다. 서울 강남에서 운영되던 한 포케 전문점은 점심 시간대 매출은 높지만 저녁 매출이 급감하는 문제를 겪고 있었다. 사장은 근처 직장인 고객의 특성을 분석한 결과, 저녁엔 기름진 음식을 더 선호한다는 점을 파악하고, 한시적으로 튀김 메뉴를 추가로 도입했다. 결과적으로 야간 매출이 35% 증가하며 전체 수익 구조가 개선됐다.

다섯째, 꾸준한 성실함과 실행력이 기본이 되어야 한다

하루하루 반복되는 일상 속에서도 변함없이 매장을 지키고, 작은 일도 성실하게 수행하는 자세는 결국 신뢰로 이어진다. 또한 실행이 수반되지 않는 아이디어는 무의미하다. 새로운 아이디어나 개선점을 발견했다면, 즉시 실천에 옮기고 피드백을 통해 끊임없이 보완해나가야 한다. 실행이 없는 계획은 꿈에 불과하다. 실제로 대구에서 반찬가게를 운영하는 한 사장님은 고객이 배달앱에 남긴 리뷰 한 줄을 계기로 김치 용기를 친환경 소재로 바꾸는 실험을 했다. 매출에는 큰 변화가 없었지만, 고객 만족도가 눈에 띄게 높아졌고 단골층이 두터워졌다.

　멘탈은 자영업자의 가장 큰 자산이다. 이 자산을 지키기 위해서는 단순한 마음가짐을 넘어 구체적인 경계와 판단 기준이 필요하다. 위에서 언급한 마인드셋과 함께, 주변 관계와 스스로에 대한 냉철한 통찰을 병행할 때 자영업은 비로소 흔들리지 않고 지속 가능해진다. 무엇보다 중요한 것은, 이러한 마인드셋은 단번에 체득되는 것이 아니라, 실제 장사 현장에서 끊임없이 부딪히며 다듬어지는 과정이다. 하루하루 매출을 확인하고, 손님 반응에 일희일비하면서도, 기본적인 마음가짐과 원칙을 놓지 않으려는 노력이 결국 자영업자의 생존력으로 이어진다. 위기의 순간은 반드시 찾아오지만, 그 순간을 어떻게 넘기느냐에 따라 가게의 미래는 완전히 달라질 수 있다. 흔들리지 않는 멘탈은 결국 준비된 사람에게 찾아오는 보상이자 무기다. 불확실한 장사의 길 위에서 자신만의 중심을 지키고자 하는 자영업자라면, 지금 이 순간부터라도 마인드셋을 점검하고 바로잡는 노력을 시작해야 한다.

세금도 줄이고
위기도 대비하는 노란우산공제

매년 5월이면 자영업자들의 한숨이 깊어진다. 종합소득세 신고 시즌이기 때문이다. "도대체 왜 이렇게 세금이 많이 나왔지?" 하며 납부서를 붙잡고 속이 타들어가는 사장님들이 정말 많다. 직장인은 연말정산으로 이것저것 공제를 받을 수 있지만, 자영업자는 그럴 수 있는 방법이 많지 않다. 그런데, 이럴 때 유일하게 쓸 수 있는 강력한 카드가 있다. 바로 '노란우산공제'다. 이건 단순한 적금이 아니다. 매달 내가 적립한 금액에 복리 이자가 붙고, 그 금액에 대해 연간 최대 500만 원까지 소득공제를 받을 수 있다. 제대로만 활용하면 세금도 아끼고, 돈도 모이고, 위기 상황에서 쓸 수 있는 안전 자산까지 된다. 자영업자에게는 정말 꼭 필요한 장치다.

노란우산공제는 개인사업자 또는 소규모 법인 대표가 본인 명의로 가입할 수 있다. 월 최소 5만 원부터 최대 100만 원까지 자유롭게 설정 가능하고, 2023년 기준 이자율은 3.3%. 게다가 복리다. 일반 은행 적금처럼 단리 이자가 아니라, 이자에 이자가 붙는 구조다. 장기적으로 보면 누적 수익 차이는 꽤 크다. 다만 아무나 가입할 수 있는 건 아니다. 음식점, 카페, 미용실, 숙박업 등 일반 자영업자라면 최근 3년 평균 매출이 10억 원 이하일 때만 가입이 가능하다. 유흥주점, 무도장 등은 아예 가입이 안 되고, 부동산 임대업은 가입은 되지만 소득공제를 못 받는다. 즉, 영세 자영업자 중심으로 혜택을 주겠다는 취지다.

그리고 이건 일반 적금처럼 1년 후, 2년 후 만기가 되어 찾는 그런 구조가 아니다. 폐업을 하거나 나이가 만 60세가 넘고 가입 기간이 10년 이상일 때 해지가 가능하다. 중간에 무턱대고 해지하면? 그동안 받았던 소득공제 다 토해내야 하고 원금 손해도 생길 수 있다. 그래서 가입 전에 꼭 확인해야 할 건 '내가 이걸 진짜로 꾸준히 낼 수 있는가'다.

노란우산공제의 가장 강력한 무기는 소득공제 혜택이다. 연 소득 4천만 원 이하일 경우 최대 500만 원, 4천만~1억 원 사이면 300만 원, 1억 원 초과면 200만 원까지 소득공제를 받을 수 있다. 당연히 소득이 낮을수록 혜택은 크다. 예를 들어 연 소득이 3,800만 원인 자영업자가 월 41만 6천 원씩 적립해서 연 500만 원 소득공제를 받으면, 소득세가 약 75만 원 줄어든다. 이자 소득까지 합치면 체감 수익률이 18%를 넘는다. 시중 은행 적금이나 보험 상품에서는 절대 찾아볼 수 없는 수준이다.

여기서 끝이 아니다. 노란우산공제에 가입하면 일부 지자체에서는 매달 추가 지원금을 얹어주는 '희망장려금' 제도도 운영하고 있다. 예를 들어 서울시의 경우, 연 매출 2억 원 이하의 자영업자가 월 5만 원씩 납입하면 시에서 매달 2만 원을 추가로 적립해준다. 1년이면 총 24만 원을 그냥 더 얹어주는 셈이다. 이 혜택은 간이과세자라면 매출 증빙 없이도 받을 수 있고, 일반 과세자는 1년치 부가가치세 표준증명원만 제출하면 된다. 단, 이건 지자체 예산 사정에 따라 언제든 중단될 수 있기 때문에 받을 수 있을 때 꼭 챙기는 게 중요하다.

또한 노란우산공제의 적립금은 법적으로 압류, 양도, 담보 제공이 금지돼 있다. 사업이 잘못돼 채권자가 압류를 시도해도 이 돈은 건드릴 수 없다. 일종의 '자영업자 전용 퇴직금' 같은 개념이다. 또, 갑자기 큰돈이 필요할 때는 어떻게 하느냐? 이럴 때 '공제 계약 대출'을 통해 적립금의 90% 한도 내에서 저금리로 대출이 가능하다. 굳이 해지하지 않아도 자금 유동성을 확보할 수 있다는 점에서 위기 대응용으로도 훌륭하다. 이러한 공제계약 대출의 경우 방문이 필요 없이, 노란우산공제 앱만 켜서 클릭 몇 번만 하면 30분 내로 바로 돈이 입금되기 때문에, 급한 돈이 필요할 때 유용하게 사용할 수 있다. 이자율도 낮은 편이고, 중도 상환도 언제든지 가능하기 때문에 비상 자금으로 활용하기에도 가치가 높다.

이처럼 노란우산공제는 소득 공제 혜택이 크고, 복리이자도 붙고, 지자체에서 돈 얹어주고, 법적으로 보호되고, 대출도 된다. 이쯤 되면 사실상 안 할 이유가 없다. 물론 중도해지 리스크는 분명히 있다. 그래서 가입 전에는 꼭 "나는 이걸 꾸준히 납입할 의지가 있는가?"를 먼저 생각해보는 게 중요하다. 가입은 어렵지 않다. 중소기업중앙회 콜센터, 인터넷 홈페이지, 은행 창구 등 다양한 방법이 있으니 편한 방식으로 진행하면 된다. 어떤 곳을 통하든 어차피 가입되는 상품은 하나다.

자영업자는 직장인처럼 퇴직금도 없고, 노후 보장도 없다. 그래서 이런 공제 상품 하나가 평생의 든든한 버팀목이 될 수 있다. 세금 아끼고, 이자 받고, 위기 상황에서도 내 자산을 지킬 수 있는 거의 유일한 수단. 노란우산공제, 자영업을 시작할 예정이거나 이미 장사를 하고 있지만 아직 가입을 안 했다면 오늘부터라도 진지하게 검토해보기를 바란다.

부록

누구도 알려주지 않는
프랜차이즈 이야기

가맹 상담에서는
들을 수 없는 진짜 정보

    우리나라는 업종을 가리지 않고 프랜차이즈가 창업의 주류가 된, 말 그대로 '프랜차이즈 전시장'이다. 어떤 프랜차이즈를 선택하느냐에 따라 단순한 장사 성패를 넘어 인생이 달라질 수 있다. 그만큼 브랜드 선택에는 신중함이 필요하다. 그러기 위해서 가장 먼저 확인해야 되는 곳이 있는데 바로 공정거래위원회의 가맹 사업 거래 사이트다. 이 사이트에서는 정보 공개서를 비롯해 가맹 본부·브랜드별 통계, 상권 정보, 프랜차이즈 수준 평가 등 다양한 창업 정보를 한눈에 확인할 수 있다. 2024년 7월 9일 기준, 우리나라에 등록된 가맹 본부 수는 1만 1,912개에 달한다. 물론 실제로는 본부당 가맹점 수가 천차만별이지만 단순히 본부당 100개의 가맹점만 있다고 가정해도 총 100만 개에 가까운 점포가 존재하게 된다.

여기서 가장 중요한 건 정보 공개서의 확인인데, 모든 가맹 본부는 가맹사업법에 따라 정보 공개서를 등록하고, 가맹 희망자에게 제공해야 할 법적 의무가 있다. 정보 공개서는 프랜차이즈 창업 전 꼭 확인해야 할 핵심 정보가 담긴 일종의 '시크릿 노트'라 해도 과언이 아니다.

가맹점 및 직영점 현황

이 정보공개서에서 창업 전 반드시 확인해야 할 핵심 항목 세 가지를 꼽을 수 있다. 정보 공개서에는 프랜차이즈 전체 가맹점과 직영점 현황이 연도별로 정리되어 있다. 이 중에서 특히 주의 깊게 봐야 할 항목은 '신규 개점 수'와 '계약 종료·해지 점포 수'다. 신규 점포 수가 특정 연도에 급증한 프랜차이즈라면 창업 전 경계할 필요가 있다. 출점 수가 급격히 늘어나면 기존 매장의 상권이 침해될 가능성도 높아진다. 특히 거리 제한이 촘촘한 브랜드일수록 근접 출점으로 인한 매출 감소 위험이 크다. 정보 공개서에는 동일 브랜드 점포 간 최소 거리 기준도 명시돼 있다. 거리 제한이 지나치게 짧은 프랜차이즈는 향후 근접 출점으로 인한 피해 가능성이 있으므로 주의해야 한다.

또한 계약 해지나 종료 건수가 유독 많은 브랜드 역시 주의가 필요하다. 단순 폐업보다, 내부 갈등이나 수익성 문제 등 구조적 원인이 있을 수 있기 때문이다. 프랜차이즈의 기본 계약 기간은 보통

2년이지만 대부분은 연장이나 양도 과정을 거쳐 계속 운영된다. 그럼에도 불구하고 해지나 종료가 많다는 건, 내부적으로 구조적 문제가 있을 가능성이 높다는 의미다. 또한 정보 공개서에는 전체 가맹점의 평균 영업 기간도 표시되어 있다. 이 기간이 길수록 안정적으로 운영되고 있다는 증거이므로, 창업 전 반드시 확인해 봐야 할 지표다.

가맹 사업자의 평균 매출액

정보 공개서에는 전년도 회계 기준의 전체 연평균 매출액과 지역별 평균 매출액이 수록돼 있다. 평당 매출액도 함께 제공되기 때문에 창업 전 반드시 체크해야 할 핵심 데이터다. 이러한 매출 수치는 최소 3년 정도 확인하면서 동종 업계 프랜차이즈와 비교해야 한다. 그래야 내가 관심 있는 브랜드의 시장 내 위치와 매출 수준을 객관적으로 판단할 수 있다. 예를 들어 메가커피 창업을 고민 중이라면 정보 공개서에 나와 있는 메가커피의 연평균 매출액을 미리 확인해 보자. 이후 창업 상담 시 담당자가 제시하는 수치가 과장되었는지, 현실적인 수치인지 비교해 볼 수 있다. 또한 경쟁 브랜드의 매출 정보도 함께 확인하고 비교해 보면 내가 창업하려는 브랜드가 업계에서 상위권인지, 중위권인지, 하위권인지를 객관적으로 판단할 수 있다. 프랜차이즈 창업을 고려한다면 이 정도 매출 수준 파악은 기본이다.

매출액이 파악되면 업종별 평균 마진율을 적용해 예상 순수익도 계산할 수 있다. 따라서 관심 업종의 상위 5개 프랜차이즈 정보 공개서를 수집해 매출 데이터를 정리하고 비교해 보는 것을 추천한다. 이런 과정을 통해 전체 업종의 평균 매출 수준을 파악할 수 있고, 연도별 매출 성장 추이를 비교하면 어떤 브랜드가 최근에 더 빠르게 성장하고 있는지도 확인할 수 있다.

영업 중의 비용 부담

많은 창업자가 창업 초기에 들어가는 비용에만 집중하고, 실제 운영 중 발생하는 추가 비용은 간과하는 경우가 많다. 하지만 실제로 창업하면서 들어가는 비용 외에 프랜차이즈를 운영하면 추가로 들어가는 비용들이 있다. 로열티, 광고 분담금, 판촉 분담금, 모바일 상품권, 교육 훈련비, 간판 변경 비용 등이다. 이러한 운영 비용 및 분담 비율 등이 정보 공개서 안에 모두 들어 있다.

예를 들어 메가커피의 경우, 모바일 상품권 수수료 분담금이 채널별로 4~9.4% 수준이며 월 2회 정산 기준이 정보 공개서에 명시돼 있다. 대부분의 프랜차이즈 역시 이러한 비용 항목과 비율을 상세히 공개하고 있다. 문제는 가맹 상담 과정에서 이러한 상세 비용 항목을 충분히 설명하지 않는 경우가 많다는 점이다. 결국 창업자가 직접 꼼꼼히 확인하지 않으면 중요한 비용 구조를 놓칠 수 있다. 결국 프랜차이즈 창업이라 해도 결국 모든 것은 본인이 직접 확인해야 한다. 남이 챙겨주는 데는 한계가 있다. 후회를 남기지 않으려면 창업을 결심하기 전 해당 브랜드의 대표이사, 뉴스 기사, 업계 평판, 소소한 가십까지 모두 검토해야 한다. 사소한 이슈 하나가 사업의 걸림돌이 될 수 있기 때문이다. 한 번 창업을 결정하고 나면 뒤늦게 문제를 발견하더라도 되돌릴 방법은 없다. 그래서 사전 정보 수집은 선택이 아니라 생존 전략이다.

엽기떡볶이로 알아보는
본사의 역할

 엽기떡볶이는 현재 외식 프랜차이즈 중 가장 인기 있는 브랜드 중 하나다. 그러나 창업 대기자가 몰리는 이 브랜드는 아이러니하게도 지점을 잘 내주지 않기로 유명하다. 실제로 2020년에는 단 14개, 2021년에도 겨우 16개의 신규 매장만 출점했다. 도대체 어떤 이유로 창업 희망자들이 이토록 줄을 서게 된 걸까?

점주 영업권의 확실한 보호

 엽기떡볶이는 단순히 '창업하고 싶다'고 본사에 연락해서 돈만 내면 시작할 수 있는 브랜드가 아니다. 총 3단계의 전형을 모두 통과해야만 점주로 선정된다. 1단계는 엽기떡볶이 홈페이지를 통해 '가맹 개설 우선 지역'으로 지정돼야 서류 전형 기회를 얻을 수 있다.

희망 지역이 우선 지역이 아니면 아예 서류 제출도 불가능하다. 문제는 이 우선 지역이 사전에 공개되지 않는다는 점이다. 결국 창업자는 내가 원하는 지역이 가능한지 수시로 홈페이지에 문의를 넣어야만 한다. 운 좋게 내 지역이 우선 개설 지역으로 선정되면 2단계인 서류 전형으로 넘어갈 수 있다. 그런데 이 서류가 간단하지 않다. 총 7장을 작성해야 하며, 통장 잔고와 잔액 증명서, 6개월간 통장 거래 내역, 자금 출처 증빙, 투자금 조달 계획, 상세 운영 계획서까지 모두 포함된다. 경제적 여력은 물론, 점포 운영에 대한 준비도 함께 검증하는 절차다. 예비 점주가 어느 정도 경제적 상황인지를 미리 살펴보겠다는 것이다. 몇 명이 지원했고 몇 명의 점주를 뽑는지는 알 수 없다. 그냥 서류 전형에 맞게 서류 제출하고 무작정 기다리는 방법뿐이다. 서류를 통과하면 개별로 연락이 오고, 마지막 3단계인 면접 전형으로 넘어간다. 면접에서는 제출한 운영 계획서를 토대로 점포 운영 능력, 경영 마인드, 실질적 운영 참여 여부 등을 종합적으로 평가한다.

이렇게 3단계의 엽기떡볶이 창업 전형을 모두 통과하면 드디어 최종 후보로 결정되어 창업할 수 있게 된다. 이처럼 서류와 면접까지 거치는 절차에 대해 '너무 까다롭다'고 말하는 이들도 있다. 그러나 오히려 이러한 선발 방식이 기존 점주들에게는 긍정적인 신호다. 출점이 어렵다는 건 그만큼 기존 점포의 영업권이 보호된다는 의미이기 때문이다.

특히 엽기떡볶이의 경우 배달 매출이 상당히 높은 프랜차이즈 중 하나인데, 지점 숫자를 신경 쓰지 않고 원하는 사람들에게 모두 매장을 내어줄 경우, 각 점포별로 배달 권역이 겹치게 되어서 결국 기존 점주들의 매출 하락으로 이어지고, 불만이 점점 더 많아지게 될 것이 불 보듯 뻔한 일이다. 이러한 출점 점포 수의 제한은 엽기떡볶이의 전국 평균 일 매출 176만 원이라는, 다른 프랜차이즈보다 훨씬 높은 성적에 기여했다.

선점 효과

엽기떡볶이의 가격은 1만 4,000원. 2012년부터 지금까지 12년째 동일한 가격이다. 출시 초기에는 밀떡볶이가 이렇게 비쌀 수 있냐는 불만이 많았지만, 시간이 지나며 오히려 떡볶이 가격 기준 자체를 끌어올렸다는 평가를 받는다. 결국 이 고가 전략은 점주 입장에서는 높은 순수익 구조를 의미한다. 기존 떡볶이와의 차별화를 바탕으로 이러한 가격 설정을 하게 된 것인데 포장 용기부터 양, 맛까지 처음으로 엽기떡볶이 형태의 떡볶이를 정립한 것이다.

이처럼 새로운 떡볶이 형태를 선점하며 '매운 떡볶이=엽기떡볶이'라는 인식을 만들어냈다. 지금도 매출 기준 업계 1위 자리를 유지하고 있다. 소위 선점효과를 톡톡히 누리고 있는 셈이다. 선점에는 장점만 있는 것이 아니다. 아무도 가보지 않은 길을 가야 하기 때문에 예상치 못한 위험도 따르게 된다. 그러나 시장에 먼저 진입해서 자리를 잡고 나면 후발주자보다 훨씬 유리한 위치를 선점하게 된다. 애플의 아이폰, 테슬라, 에어비앤비 등도 이 전략으로 성공했다.

엽기떡볶이는 고가 떡볶이 시장의 가능성을 가장 먼저 포착하고 선진입한 브랜드다. 지금도 선발주자로서의 이점을 유지하고 있으며, 매운맛을 선호하는 한국인의 소비 성향과 반복 구매 구조가 결합되면서 높은 재구매율을 자랑한다. 원재료 가격도 비교적 안정적인 편이고, 2024년 기준 마진율 역시 약 65%로 여전히 우수한 수준이다. 또한 시간이 지나면서 1만 4,000원이라는 가격도 더 이상 부담스럽지 않은 수준이 되었고, 소비자 사이에서도 '비싼 떡볶이'라는 이미지 역시 희석되었다. 2022년 밀가루 가격이 폭등했을 때도 가격을 동결하며 브랜드에 대한 소비자 신뢰를 높인 측면도 있다. 이처럼 수백 개의 떡볶이 브랜드 중에 압도적으로 1등을 계속해서 이어가고 있으니 엽기떡볶이에 창업 대기자가 줄을 서는 것도 어찌 보면 당연한 일이 아닐 수 없다.

꾸준한 트렌드 반영

엽기떡볶이는 신생 브랜드들의 도전을 받았지만 그때마다 빠르게 신메뉴를 출시하며 트렌드 변화에 유연하게 대응해왔다. 로제가 유행하자 곧바로 로제 엽떡을, 마라가 뜨자마자 마라맛 엽떡을 출시하며 흐름을 놓치지 않았다. 이러한 기민한 반응이 중요한 이유는 떡볶이 시장 자체가 유행의 영향을 많이 받는 업종이기 때문이다. 로제나 마라처럼 새로운 맛이 뜨기 시작했을 때 이를 외면한 브랜드들은 소비자에게 '올드한 이미지'로 남을 수밖에 없다. 반면 엽기떡볶이는 기존의 브랜드 정체성을 유지하면서도 시대 흐름에 맞는 제품을 꾸준히 선보이며 '트렌디한 브랜드' 이미지를 유지해왔다.

마라의 경우 약 3년간의 유행을 거쳐 하나의 외식 카테고리로 자리 잡았고, 엽기떡볶이도 이에 맞춰 마라맛을 신중하게 출시해 기존 메뉴와 충돌 없이 시장을 넓혀갔다. 이는 단순히 신제품 하나를 내는 차원이 아니라 브랜드의 생존 전략이자 확장 전략이다. 브랜드 론칭 20년이 넘은 엽기떡볶이는 이미 확고한 매니아층을 형성하고 있다. 이들은 엽기떡볶이의 신제품이 출시될 때마다 유튜브 쇼츠, 릴스, 틱톡 등 다양한 플랫폼에서 자발적으로 리뷰 영상과 먹방 콘텐츠를 만들어낸다. 별다른 광고를 하지 않아도 수십만 조회수가 쌓이며 자연스럽게 바이럴이 일어나는 구조다.

이러한 자발적 콘텐츠는 브랜드 입장에서 광고비 한 푼 들이지 않고 만들어내는 가장 강력한 마케팅 수단이다. 단골이 팬이 되고, 팬이 스스로 마케터가 되는 구조. 이것이야말로 자영업 프랜차이즈 브랜드가 장기적으로 살아남는 데 있어 가장 강력한 자산이다.

배스킨라빈스로 알아보는
진입 장벽의 중요성

배스킨라빈스는 프랜차이즈 중에서도 초기 투자 비용이 상당히 높은 브랜드다. 본사가 제시한 신규 창업 비용만 최소 2억 3천만 원에서 2억 8천만 원이며, 여기에 권리금과 임차 보증금까지 합치면 실제 창업 비용은 3억 원 이상이 된다. 특히 월 매출 5천만 원 이상 고매출 매장을 인수하려면, 리뉴얼 비용까지 포함해 총 5억 원 이상이 필요한 경우도 많다.

그럼에도 불구하고 배스킨라빈스는 창업 선호도 조사에서 늘 상위권에 오른다. 초기 투자 비용이 크다는 점이 오히려 진입 장벽으로 작용해 경쟁자들의 진입을 자연스럽게 제한하기 때문이다. 보통 처음 창업하는 입장에서 자본금 4~5억 이상 들어가는 신규 창업을 바로 할 수 있는 사람의 숫자는 많지 않다. 또한 초기 자본금이 많이 투입되는 구조인 만큼 추후 매장을 정리할 때 권리금도 일정 수준으로 회수 가능하다. 매출 금액대별로 권리금이 시세처럼 형성돼 있어, 마치 아파트처럼 비교적 예측 가능한 자산마냥 거래된다. 실제로 배스킨라빈스 매물 자체가 귀하고, 고매출 매장은 거의 나오지 않는다. 사고 싶은 사람은 많은데 파는 사람이 없어, 공급과 수요의 불균형에 따라 자연스럽게 권리금이 형성되고 매매가 이뤄진다.

배스킨라빈스는 국내 아이스크림 업계에서 부동의 1위다. 사실상 경쟁자가 없는 독점 브랜드에 가깝다. 일반적인 외식업처럼 1, 2위 간 격차가 크지 않은 구조가 아니라 '1강 독식 구조'에 가깝다. 그렇기에 경쟁점이 들어올 걱정도 할 필요가 없다. 또한 자본금만 있다고 바로 창업할 수도 없다. 신규 점포를 개점하기 위해서는 창업 대기를 해야 한다. 본사 자리 책정도 정말 까다롭기 때문에 본인이 아무 자리나 찾아서 가져간다고 해서 그 자리에 오픈이 가능하지도 않다. 배스킨라빈스는 입점 자체로 건물의 가치와 상권 분위기를 끌어올리는 브랜드다. 일부 건물주들은 본인의 건물에 입점해 주기를 바라고, 실제로 본사와 협의해 인테리어 비용을 보조하거나, 월세·권리금 조율까지 감수하기도 한다. 대부분의 프랜차이즈로서는 상상하기 힘든 일이다.

배스킨라빈스의 평균 매출 또한 상당히 높은 편인데 2022년 기준 가맹점 평균 월 4,900만 원을 돌파했다. 일 매출로 나누면 약 160만 원 정도인데, 이 정도 평균 매출은 업계에서도 상당히 높은 수준이다. 배스킨라빈스의 권장 점포 면적은 22~25평 수준이다. 이렇게 넓지 않은 공간에서 월 5,000만 원에 가까운 매출을 기록하는 건 매우 높은 운영 효율을 의미한다. 거기에 매장과 배달 두 마리 토끼를 모두 잡을 수 있는 브랜드이기도 하다. 코로나 때 홀 매장 위주의 프랜차이즈들은 엄청난 타격을 받았지만, 배스킨라빈스의 경우 배달 매출이 급성장하는 시기였다. 배스킨라빈스는 평상시에도 포장 주문을 고려해 30~40분 정도 보관이 가능한 세팅으로 운영되고 있다. 이 때문에 배달 주문이 들어와도 별도의 조리 없이 포장 상품처럼 바로 준비해 전달할 수 있다. 아이스크림은 조리 과정이 필요 없고, 통에서 덜어 담기만 하면 되기 때문에 회전율도 매우 높다. 여기에 보냉백과 드라이아이스를 함께 제공하면 여름철에도 최대 1시간까지 안정적인 배달이 가능하다.

2024년 7월 기준, 비알코리아(SPC 계열사)는 창립 이후 처음으로 영업 적자를 기록했다. 배스킨라빈스의 매출 비중이 76%에 달하기 때문에 이 브랜드의 수익성이 영향을 준 것으로 분석된다. 다만 이는 브랜드의 문제라기보다는 우유·초콜릿 등 원재료값 상승에 따른 마진 감소 영향이 크다. 본사도 최근 구글의 생성형 AI 제미나이와 협력해 신제품을 출시하는 등 트렌드 반영과 매출 확대를 위한 다양한 노력을 이어가고 있다. 이런 점들이 점주 입장에서는 브랜드에 대한 신뢰를 유지하게 만드는 핵심 요소다.

탕후루는 왜 마라탕처럼
정착하지 못했을까?

　작년 한때 큰 인기를 끌었던 탕후루 가게들이 최근 매출 급감과 함께 잇따라 폐업하고 있다. 성수기였던 여름이 지나자 매출은 회복되지 못했고 가게 앞에는 '임대 문의' 안내문만 점점 늘어나는 상황이다. 한 탕후루 점포의 경우, 작년 9월 배달앱 기준 최근 6개월 주문 수가 약 1만 9,000건이었지만, 올해 6월에는 배민원 2,000건, 가게 배달 300건을 합쳐 2,300건 수준으로 급감했다. 1년도 안 돼 주문 수가 8분의 1 토막이 나고 매출은 무려 87% 이상 감소한 셈이다. 결국 탕후루 열풍은 시작된 지 1년도 채 되지 않아 빠르게 꺾이고 말았다.

　사실 이런 사례는 과거에도 많았다. 한때 유행을 탔다가 빠르게 사라진 외식 아이템은 셀 수 없이 많다. 대만 카스텔라, 벌집 삼겹

살, 흑당 버블티처럼 순간적 인기를 얻었다가 금세 자취를 감춘 사례들이 대표적이다. 하지만 유행 아이템 중에서도 우리나라 시장에 정착하는 데 성공한 경우도 있다. 그 대표적인 예가 바로 마라탕이다. 마라탕도 외국 음식이라는 점에서는 똑같이 유행을 타면서 들어왔지만, 3년간의 유행 기간을 거치면서 이제는 외식 메뉴로 어느 정도 자리를 잡았다. 마라탕 열풍은 매운맛으로 스트레스를 푸는 우리나라 사람 특유의 성향과 맞아떨어졌고 소비자들의 지속적 재구매로 연결되었다. 그럼 탕후루는 마라탕에 비해 어떠한 요인이 부족해서 이렇게 실패하게 된 것일까?

검증되지 않은 외국 음식

탕후루는 중국의 대표적 길거리 음식으로, 사실 작년에 본격 유행하기 전부터 이미 국내에 들어와 있었다. 인천 차이나타운 등지에서는 예전부터 가판대에서 탕후루를 파는 모습이 흔했다. 그러다 2023년을 기점으로 유튜브와 틱톡 등에서 탕후루 먹방이 선풍적인 인기를 끌었고, 이를 계기로 유행이 시작됐다. 몇 년 전 대만 여행 붐이 일었을 때를 떠올려보라. 〈꽃보다 할배〉 같은 예능 프로그램에서 대만 먹거리가 조명되면서 단수이 지역의 카스텔라가 국내 블로그와 SNS를 통해 인기를 얻었고, 이후 폭발적인 유행을 타며 창업이 급증했던 것과 비슷하다.

이 두 음식의 공통된 문제는 외식 메뉴로 정착할 수 있을지에 대한 충분한 시장 검증 없이 너무 빠르게 프랜차이즈화되었다는 점이다. 재구매 가능성, 질림 여부, 조리 안정성 등 핵심 요소들을 평가할 시간도 없이 창업 열풍만 먼저 불었던 것이다. 검증되지 않은 채 매장만 늘어나다 보니 언론의 집중 타깃이 되기 쉬웠고, 결국 두 아이템 모두 부정적 보도에 취약한 구조를 드러냈다.

탕후루는 지나치게 높은 당 함량으로 인해 청소년 건강에 악영향을 미친다는 지적이 쏟아졌고, 실제로 탕후루 프랜차이즈 대표가 국정 감사 증인으로 불려 가는 일까지 벌어졌다. 이후 의사들의 경고와 언론 보도가 연달아 이어지며 여론은 급격히 악화됐다. 대만 카스텔라는 2017년 〈먹거리 X파일〉 방송에서 식용유 과다 사용 문제가 지적되며 치명타를 입었다. 유튜브나 SNS가 활발하지 않았던 당시, TV 방송 하나로도 여론이 급속히 형성됐고 결국 대부분의 매장이 문을 닫게 되었다. 해외에서는 오랜 시간 소비되던 음식이지만 국내에서는 유행 기간이 너무 짧았다. 유입과 동시에 유행이 시작되다 보니 이 아이템이 정말 외식 메뉴로 정착 가능한지, 단발성 소비에 그칠지 판단할 수 있는 검증 시간이 없었다. 결국 문제는 음식 그 자체보다 '검증되지 않은 상태에서 유행만 보고 창업이 과열됐다'는 데 있다. 외국에서 인기 있다고 해서 우리나라에서 반드시 통하는 것은 아니다. 장사로 이어질 수 있는지는 훨씬 냉정한 검증을 거쳐야 한다.

가맹점의 폭발적 증가

유행 아이템의 대표적 특징 중 하나는 관련 프랜차이즈 브랜드가 단기간에 급증한다는 점이다. 작년 한창 탕후루가 유행했을 당시 한 업체의 가맹 문의 게시판은 밀려드는 문의에 차례를 기다려야 하는 일까지 생겼다. 이런 흐름은 오래가지 않기 때문에 본사 입장에서는 유행이 꺼지기 전에 빠르게 가맹점을 늘려 초기 수익을 극대화하려는 경향이 강하다. 왜냐하면 프랜차이즈 본사는 점포 오픈 시 인테리어나 장비 납품을 통해 이미 상당한 수익을 확보하기 때문이다. 이후 매출이 부진하더라도 본사에는 직접적 손실이 없다.

실제로 탕후루 업계 1위 브랜드인 A사의 창업 비용을 살펴보면, 가맹비만 1,000만 원, 인테리어 및 장비 포함 총비용은 약 6,850만 원이다. 여기에 부가세와 초기 재료비를 포함하면 실제 초기 자본금은 8,000만 원 가까이 들어간다. 이처럼 유행이 시작되면 본사는 짧은 시간에 큰 수익을 거둘 수 있으니 각종 프랜차이즈 사업자들이 일제히 시장에 뛰어드는 현상이 나타난다. 그만큼 유행 아이템에 몸을 던지는 창업자가 많다는 소리이기도 하다. 공정거래위원회 자료에 따르면, 2022년까지만 해도 A사의 가맹점 수는 43개에 불과했다. 그러나 불과 1년도 지나지 않은 2023년 8월에는 직영점 20개를 포함해 전국 가맹점 수가 약 350개까지 폭증했다. 겨우 반년 만에 300개 이상이 늘어난 셈이다. 가맹점이 급격히 늘어나면 자연스럽게 상권이 중복되고 경쟁이 과열된다. 결국 매출은 나눠 먹기가 되고, 서로가 서로의 매출을 잠식하는 모양새가 만들어진다.

한 유튜버가 기존 탕후루 가게 옆에 동일 업종의 매장을 오픈하려다 여론의 집중 비판을 받았던 사례도 있다. 당시에는 대중의 뭇매를 피해 오픈하지 못한 것이 아쉬웠을 수 있지만, 지금 와서 보면 오히려 손실을 피한 셈이 된 셈이다. 이처럼 유행 업종은 거리 제한이나 상권 보호 장치가 없기 때문에 경쟁점 출현이 매우 빠르다. 한창 잘되던 매장도 순식간에 매출이 쪼개질 수 있다. 결국 유행만 보고 뛰어드는 창업은 가장 위험한 형태가 될 수 있다. 탕후루 창업 열풍은 단기 트렌드를 노린 본사와 그로 인해 과열된 경쟁 구조가 맞물리며 결국 지속 가능한 창업 모델이 될 수 없음을 보여준 사례다.

너무 쉬운 레시피로 허물어진 진입 장벽

탕후루가 단기간에 전국적으로 확산될 수 있었던 이유 중 하나는 만들기 쉬운 레시피 덕분이다. 실제로 탕후루 매장의 주요 업무는 과일 손질과 대나무 꼬챙이에 과일을 꽂는 단순 반복 작업이다. 설탕물을 얇게 코팅하는 기술만 익히면 며칠 연습으로 누구나 비슷한 품질의 탕후루를 만들 수 있다. 특별한 조리 기술이나 노하우가 없어도 창업이 가능한 구조다.

문제는 바로 어기서 시작된다. 만들기 쉬운 메뉴는 곧 누구나 따라 할 수 있다는 의미다. 초보 창업자 입장에서는 '편하게 배워서 할 수 있는' 아이템으로 보일 수 있지만 소비자 입장에서 보면 "이 정도 음식을 굳이 이 돈 주고 사 먹어야 하나?" 하는 회의감이 들기 쉽다.

실제로 탕후루의 가격은 싼 편이 아니다. 한 꼬치 가격은 평균 2,500~3,000원으로 원재료 대비 가격 거품이 큰 편이다. 유행이 한창일 때는 이런 가격에도 잘 팔렸지만 지금처럼 트렌드가 사그라든 상황에서는 같은 가격에 판매하기 어려워졌다. 최근에는 한 개에 1,000원에 파는 탕후루 매장까지 등장하며 가격선 자체가 무너지고 있다.

진입 장벽이 낮은 아이템은 단기간 유행에는 유리하지만 차별화가 어렵고 가격 경쟁에 취약하다는 태생적 약점이 있다. '누구나 만들 수 있다'는 것은 곧 '누구나 창업할 수 있다'는 뜻이며 이는 시장의 빠른 포화와 경쟁 과열로 이어진다. 많은 예비 창업자가 '레시피가 간단한지', '편하게 운영할 수 있는지'를 기준으로 업종을 선택한다. 하지만 요식업은 결국 맛과 퀄리티의 차별성이 지속 여부를 결정짓는다.

지금도 오랫동안 장사가 잘되는 맛집들을 보면, 그들만의 레시피와 노하우, 흉내 내기 어려운 디테일이 있다. 쉽게 따라 할 수 없는 진입 장벽을 가진 가게들이 결국 시장에서 살아남는다. 반대로 누구나 쉽게 모방할 수 있는 아이템은 그만큼 빠르게 외면당할 수 있다는 점을 반드시 인지해야 한다.